die moderne stadt berlin-lichtenberg

ein architekturführer

Bezirksamt Lichtenberg von Berlin
Museum im Stadthaus
Steffen Maria Strietzel,
Thomas Thiele,
Dirk Moldt (Hg.)

Impressum

Bezirksamt Lichtenberg von Berlin
Museum im Stadthaus
Steffen Maria Strietzel, Thomas Thiele
Dirk Moldt (Hg.)

Die moderne Stadt Berlin-Lichtenberg
Ein Architekturführer

2. durchgesehene Auflage – Berlin: Berlin Story Verlag 2017

ISBN 978-3-95723-107-9

Leuschnerdamm 7, 10999 Berlin
Tel.: (030) 20 91 17 80
Fax: (030) 69 20 40 059
UStID: DE291153827
AG Berlin (Charlottenburg) HRB 152956 B
www.BerlinStory-Verlag.de
Service@BerlinStory-Verlag.de

Druck:
Belvédère, Oosterbeek

Lektorat:
Julia Funcke

Gestaltung/Layout:
Jan Lengert, Zenon

Inhalt

2 Industrie- und Verkehrsbauten 43

3 Schulen 73

8 Kirchen 131

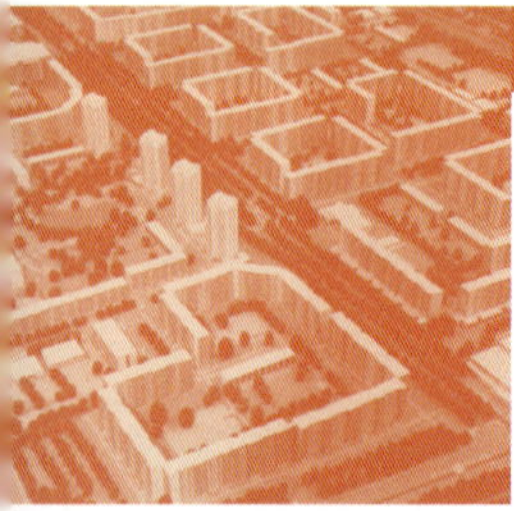

9 Industrieller Wohnungsbau 145

10 Innovatives Bauen 159

Zum Geleit
Bezirksstadtrat für Stadtentwicklung Wilfried Nünthel

Sehr geehrte Damen und Herren,
liebe Interessierte und Freunde der Architektur,

als die Initiatoren dieses Buches auf mich zukamen und mir mitteilten, dass es bisher keinen Architekturführer für die modernen Bauten speziell im Bezirk Lichtenberg gibt, war ich, ehrlich gesagt, sehr überrascht. In meinen vielen Gesprächen mit Bürgerinnen und Bürgern sowie Investoren ist die moderne Architektur oft Thema. Viele Anfragen von Interessierten zu einzelnen Bauwerken erreichen mich regelmäßig in meiner Arbeit als Stadtrat für Stadtentwicklung. Daher freue ich mich ganz besonders, dass es mit diesem Buch gelungen ist, einen sehr guten Einstieg in und Überblick über die Geschichte und Architektur der Bauwerke des Bezirkes Lichtenberg für die Zeit der Moderne und danach zu geben.

Das Buch richtet sich sowohl an das Fachpublikum als auch an den interessierten Laien und wird Sie mit auf eine Entdeckungsreise quer durch den Bezirk nehmen. Es werden Ihnen dabei interessante Bauwerke vorgestellt, die auf jeden Fall einen Besuch wert sind. Selbst »alteingesessene« Lichtenbergerinnen und Lichtenberger werden überrascht sein, wie viele bauliche Schätze Lichtenberg zu bieten hat!

Im Architekturführer »Moderne Stadt Berlin-Lichtenberg« werden Sie viele Beiträge von namhaften Persönlichkeiten finden, die jeden einzelnen Artikel so lesenswert machen. Ich möchte mich daher bei allen Autorinnen und Autoren für ihre Beiträge bedanken und wünsche der interessierten Leserschaft viel Spaß beim Entdecken der Schätze!

Grußwort
des Senators für Stadtentwicklung und Umwelt Andreas Geisel

In Lichtenberg findet sich zunehmend die ganze Vielfalt, Buntheit und Faszination, für die Berlin als Metropole insgesamt steht. Kein Wunder, dass auch in diesem lebenswerten und familienfreundlichen Bezirk die Zahl der Einwohnerinnen und Einwohner nun schon seit einigen Jahren beständig wächst. Dieses Wachstum müssen wir gestalten. Eine Schlüsselaufgabe für den Bezirk Lichtenberg wie für ganz Berlin ist dabei, dass es uns in den nächsten Jahren gelingt, ausreichend bezahlbaren Wohnraum bereitzustellen und das soziale Gleichgewicht zu bewahren.

Ins Lichtenberger Stadtbild sind viele Zeugnisse eingeschrieben, mit denen frühere Generationen jeweils auf ähnliche Herausforderungen infolge des Wachstums der Stadt und des dadurch ausgelösten großen Wohnungsbedarfs reagiert haben. Ob anhand des Altbaubestands der Kaiserzeit, anhand der Werke großer Architekten der klassischen Moderne oder auch der zu DDR-Zeiten errichteten Großwohnsiedlungen: Der Blick in die Architekturgeschichte Lichtenbergs birgt Orientierungswissen für die Herausforderungen unserer Tage.

So ist Lichtenberg zum Beispiel tatsächlich ein lebendiges »Freilichtmuseum« zur Geschichte des seriellen Wohnungsbaus. Alle Typen des Plattenbaus von seinen frühesten Anfängen bis hinein ins Jahr 1989/90 finden sich hier. Schon 1926 wurde mit der heutigen Splanemann-Siedlung in Lichtenberg die erste deutsche Plattenbausiedlung errichtet. Sie atmet den experimentellen Geist des neuen Bauens der 1920er Jahre.

Man kann es in Lichtenberg anhand des architektonisch Geleisteten erfahren: Pauschalurteile gegen eine vorgeblich monotone Bauweise greifen in der Realität zu kurz, und Vorurteile versperren nur zu oft den Blick dafür, dass gerade in diesen Großwohnsiedlungen unter den Bewohnerinnen und Bewohnern ein sehr hohes Maß an Wohnzufriedenheit herrscht. Und diese Vorurteile verbauen auch den Blick für die Vielfalt der Möglichkeiten, die der Plattenbau in seiner Geschichte bot. Es macht deshalb auch Sinn, wenn wir heute wieder auf Modelle des modularen Bauens zurückgreifen, um Menge, Tempo und Qualität im Bauen zu vereinen.

Die Vielfalt der architektonischen Leistungen und Besonderheiten in Lichtenberg – sei es im angeführten Wohnungsbau oder auch in der nicht minder faszinierenden Industriearchitektur – zusammenzutragen und einer breiten Öffentlichkeit zu erschließen, ist ein sehr verdienstvolles Werk.

Ich wünsche allen Leserinnen und Lesern des Architekturführers »Die moderne Stadt Lichtenberg« anregende Erkundungen in einem spannenden Bezirk.

Einleitung

Die Baugeschichte sei ein bisher ungeschriebenes Kapitel der Lichtenberger Geschichtsschreibung – das war ein wichtiger Hinweis meiner Vorgängerin im Amte der Museumsleitung. Sehr schnell bemerkte ich, welchen Besonderheiten und welche Vielfalt das bauliche Erscheinungsbild dem heutigen Bewohnern und Besuchern Lichtenbergs bietet. Mit dem Eindringen in das Thema wuchs die Erkenntnis: Lichtenberg fehlen zwar die großen Siedlungen der Moderne, mit dem Schloss Friedrichsfelde erschöpft sich das Bild herausragender Zeugnissen früherer Jahrhunderte. Doch dafür sind es Kleinode und innovative Lösungen früheren Baugeschehens, die den heutigen Bezirk hervorhebenswert machen, nicht nur für den bauhistorisch Interessierten. Nach etwas weniger als drei Jahren im Museum habe ich mit Unterstützung von Architekten und Bauhistorikern 2015 eine erfolgreiche Ausstellung mit dem Titel »Stein.Schlacke.Beton – Neues Bauen in Lichtenberg« erstellen und präsentieren können. Darin wurden die für den Bezirk maßgeblichen modernen Bauweisen und Technologien vorgestellt. Ohne sie wiese das Erscheinungsbild unseres Bezirkes nicht jene Besonderheiten auf, die ihn von anderen Teilen Berlins abheben. Darin liegt keine lokalpatriotische Überhöhung, und der nun vorliegende Architekturführer will das verdeutlichen. Er geht über das in der Ausstellung Gezeigte weit hinaus und stellt detailreicher als sie vor, was sich an Pionierleistungen in den Straßen und Wohngebieten der Ortsteile entdecken lässt.

Rathaus Lichtenberg
(Architekt unbekannt)
Möllendorffsatraße 6.
Das 1896-1898 erbaute Rathaus zeigt den selbstbewussten Anspruch der Stadtväter. Die Baukosten lagen mit fast 400.000 RM noch um 50.000 höher als beim Steglitzer Rathaus.

Innovative und industrielle Baulösungen prägen den Bezirk. Schon vor der Stadtwerdung setzten Baulösungen und -technologien, wie die 1872 bis 1878 mit Stampfbeton errichteten Häuser in der Victoriastadt erste Maßstäbe. Traditionelle Bauten wie das Rathaus oder das Amtgericht aus den Jahren 1898 und 1906 treten in ihrer baugeschichtlichen Bedeutung hinter diese Pionierbauten zurück und finden nur aus diesem Grunde keine umfangreiche Darstellung. Ebenso die vor 1910 errichteten kommunalen und Kirchenbauten. Stattdessen sind Ur- und Kleinformen von Hofbauten der Reformzeit und Bauten von Meisterarchitekten aus der Zeit nach dem Ersten

Amtsgericht Lichtenberg Roedeliusplatz (Architekten Paul Thoemer und Rudolf Mönnich) Vorbild für das auch im Inneren stolze Gebäude war der westfälische Barock.

Weltkrieg zu entdecken. Mit ihnen entstand als Folge der Stadtgründung von 1907 und der Eingemeindung als 17. Bezirk von Groß- Berlin ab 1920 die »moderne Stadt Lichtenberg«. Die DDR hinterließ mit den Prototypen der Serienfertigung von Wohnhäusern auch die ersten Großsiedlungen. Es ist eine Geschichte der Versuche, ökonomisch und sozial zu bauen. Noch heute ist der Bezirk, trotz der inzwischen verschwundenen Industrie, ein von modernen Arbeiterwohnquartieren und den dazu gehörigen Gesellschaftsbauten geprägter Teil der deutschen Metropole.

Nach 1990 änderte sich das Stadtbild durch neue stadtplanerischen Lösungen zum Vorteil. Das Grau und die Monotonie wichen farbigen Lösungen. Bevölkerungsschwund und Entindustrialisierung brachten Bebauungen und Umnutzungen hervor, wie sie zuvor in Lichtenberg nicht denkbar waren. Die zwischenzeitlich praktizierten kleinteiligen Lösungen könnten in Zukunft durch die gewachsenen Anforderungen an den Wohnungsbau bald wieder in den Hintergrund treten. Satt Reihenhäusern würde das den Bezirk zuvor prägende industrielle Bauen wieder deutlicher hervor treten. Wie die Zukunft auch aussehen wird – der Bezirk Lichtenberg kann auf ein bauhistorisches Erbe blicken, das anregend und Maßstab setzend ist. Wenn der Architekturführer seinen Lesern das vermitteln kann, ist unser Ziel erreicht. Als Museumsleiter freue ich mich sehr über das zusammen getragene Wissen vieler Experten und Autoren. Ihnen und dem im Auftrag des Bezirksamtes Lichtenberg und seinem Museum arbeitenden Herausgeber gilt mein Dank. Nicht in der Verborgenheit der Geschichte bleiben soll zu guter Letzt der finanzielle Anteil an der Publikation, den das Bauressort des Bezirksamtes Lichtenberg geleistet hat. Ohne die Unterstützung der heutigen Bauauftraggeber könnten wir in der vorliegenden Baugeschichte nicht nachschlagen.

Thomas Thiele
Leiter des Museums Lichtenberg

Reformbauten in Lichtenberg 1

Licht, Luft und Sonne – die Wohnanlagen des »Neuen Bauens«

André Deschan

Der Durchbruch der sogenannten Architektur der Moderne in Berlin gelang dem Büro des Malers und Typografen Peter Behrens, der sich eher der traditionellen Formensprache unter Wahrung klassischer Elemente verschrieben hatte. Behrens' Atelier wandte sich um 1910 einer »großstädtischen Zweckarchitektur« zu, um die technischen Konstruktionen des beginnenden Industriezeitalters in eine künstlerische Ausdrucksform zu überführen. Kein anderes Architekturbüro Europas wies zu dieser Zeit ein solches Aufgabenspektrum bei industrieller Architektur und Design auf – bis hin zur Gestaltung elektrischer Geräte und des AEG-Signets. Nicht von ungefähr fand sich daher die Avantgarde der unter dem Begriff »Moderne« gefassten Künstler in frühen Lehrjahren bei Behrens ein, dem Erfahrenen und zugleich Schöpfenden neuer Ausdrucksformen – unter ihnen »Lichtgestalten« wie Walter Gropius, Ludwig Mies van der Rohe und Le Corbusier.

Diese führten das von Behrens begonnene Werk in eine »organische Reinheit der Form« und inspirierten so die Architekten der Reformbauten ab 1924. Die Gratwanderung zwischen additiven klassischen Elementen und absoluter Reduktion, die sich auch in den hier aufgeführten Lichtenberger Bauten findet, ist in ihrer architektonischen Wahrnehmung nicht frei von der Gefahr, sich selbst zu konterkarieren. Wenn mit dem Anspruch »klassischer Reinheit und Reduktion« Details zur Nebensache und Ornamente völlig ausgeblendet werden, entstehen karge, ungefasste Flächen, die nur der virtuose Architekt mit variierenden Fensterformaten, und bändern oder Klinkerflächen zu kraftvollem Ausdruck bringen kann. Erich Mendelsohns These, dass »Die nackte Konstruktion zur Wahrheit (zwingt)« führte vielen Entwerfern der 1920er und 1930er Jahre die Hand.

In welch unterschiedlicher Form dies den Architekten der vorgestellten Objekte gelang, mag der Betrachter selbst entscheiden. Alle einte jedoch der Wille zu einer Form, die sich von historisierenden Vorbildern abwandte und sich zu zweckmäßiger Architektur mit neuen Materialien entwickelte.

Die Hauptaufgaben der Weimarer Republik waren vor allem sozialpolitische: die Bekämpfung sozialer und hygienischer Missstände sowie bessere Wohnverhältnisse für Arbeiter und Angestellte. Der Massenwohnungsbau – Wohnanlagen und Siedlungen – avancierte zur bedeutendsten sozialen und künstlerischen Herausforderung der Architekten des Neuen Bauens. Daraus ergab sich zugleich der Anspruch, Licht, Luft und Raum in Grundrissen wie Gebäudeanlagen zu schaffen.

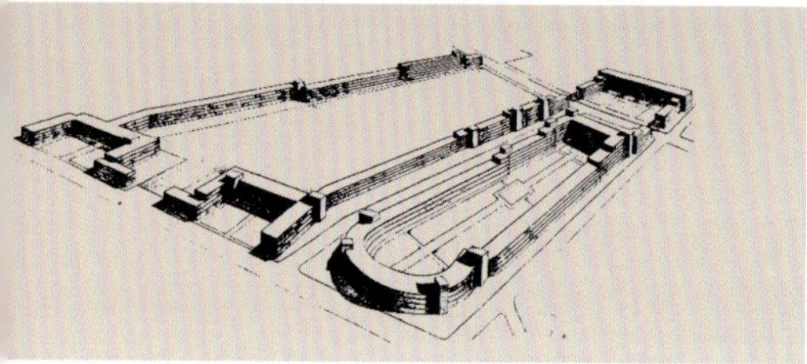

Abbildungen 1 und 2

Die Einführung der Rentenmark im November 1923 ermöglichte die Gründung von Wohnungsbaugesellschaften. Martin Wagners Ernennung zum Stadtbaurat 1924 stellte in Berlin die Weichen für den Wohnungs- und Großsiedlungsbau unter sozialdemokratischer Ägide. Wagner hatte die amerikanische Bauwirtschaft studiert und fand in dem Architekten Bruno Taut – Begründer der sozialutopische Theorien vertretenden Künstlergruppe »Gläserne Kette« – einen kongenialen Partner. Gemeinsam schufen sie gleichsam das Fanal des Wohnungsbaus der Weimarer Republik, die Großsiedlung Britz (1925–1931), auch Hufeisensiedlung genannt (Abbildung 1). Die Auflösung der zu Beginn der sozialen Reformen als Muster geltenden Gartenstadtsiedlung in eine Großform mit versetzten Zeilenbauten um den namensgebenden Kernblock war richtungsweisend für Wohnsiedlungsflächen in den Berliner Randgebieten. Agrarflächen am Stadtrand – teilweise in städtischem Besitz – konnten in Bauland umgewandelt, Grundstücke dort von den gemeinnützigen Wohnungsbaugesellschaften preiswerter erworben werden.

Weitere Großsiedlungen und Wohnanlagen folgten, von denen heute einige UNESCO-Welterbe sind. Eine neue Bauordnung von 1925 gestattete Wohnungsneubau nur noch in Rand- bzw. Blockrandbebauung. Quer- und Seitenflügel, wie in den Hinterhöfen der Berliner Mietskasernen, waren nicht mehr genehmigungsfähig. Namhafte Architekten, die in Berlin diese behördlichen und vor allem sozialpolitischen Vorgaben in hervorragender Weise umsetzten, waren unter anderen Erwin Gutkind, Otto Salvisberg, Hans Scharoun, Bruno Taut und die Bürogemeinschaft Paul Emmerich und Paul Mebes. Gutkind und Mebes/Emmerich hinterließen auch in Lichtenberg ihren architektonischen Fußabdruck.

1924 schlossen sich Mieter- und Wohnungsspargenossenschaften zur »Märkischen Scholle Siedlungsgesellschaft mbH« zusammen, deren Mitglieder vornehmlich auch Mieter der im Osten Berlins umgesetzten Wohnungsbauvorhaben waren.

Die »GmbH« beauftragte Gutkind mit dem Entwurf einer »Wohnanlage an der Rummelsburger Straße« mit 450 Wohneinheiten (Abbildung 2). Strukturen und Raumgefüge des Entwurfs sind mit denen der Hufeisensiedlung in Britz vergleichbar, seine städtebauliche Qualität folgt Gutkinds Philosophie zur Anordnung der Baukörper. In Material und Farbe dynamisch gestaltete Fassaden flankieren die Straßen, parkähnliche Innenhöfe bieten Ruhezonen und Spielwiesen. Wegen Unstimmigkeiten mit dem Auftraggeber wurden 1928–1931 nur die Teilbereiche Erlen-, Ulmen- und Pappelhof durch den Architekten Jacobus Goettel errichtet. Die Anlage im Bereich Rummelsburger Straße, Kraetke- und Zachertstraße hat zwar nicht mehr die gestalterische Kraft der Planung Gutkinds, jedoch waren die Fertigstellungskosten um ein Drittel geringer – angesichts der eigentlichen Vorgabe des Massenwohnbaus in der Weimarer Republik ein wichtiger Aspekt.

Seine städtebaulichen Vorstellungen setzte Gutkind 1925/26 mit dem Sonnenhof um, einer drei- bis viergeschossigen vollständigen Blockrandbebauung zwischen Marie-Curie-Allee und Archenholdstraße.

Monotaktische Fensterbänder auf weißen Putzflächen horizontal gefasst von fensterhohen roten Klinkerbändern, entladen ihre Dynamik in der zurückspringenden Eckbebauung (Abbildung 4). Ähnlich ausdrucksstark, jedoch mit anderen formalen Mitteln entwarf Hans Kraffert die Staffelung der Blockecke an der Wohnanlage Scheffelstraße – expressionistische Giebelabtreppungen mit schmalen Klinkerbändern (Abbildung 3).

Abbildungen 3 und 4

Diese Entwürfe waren nicht typisch für den Massenwohnungsbau, der schnell und preiswert errichtet werden sollte, gaben aber gestalterische Impulse für die Bauten im Bereich Irenenstraße, im Archibaldweg und die weiteren Wohngebäude auf den folgenden Seiten.

Mebes und Emmerich schufen eine Vielzahl von Wohngebäuden in Berlin, so u.a. 1931–1934 eine besondere Anlage, den Flusspferdhof in der Große-Leege-Straße. Zeilenbauten, die eine großzügige Hofanlage mit Wasserbecken umschließen, gruppieren sich um die Dominante – ein großflächig verglastes Treppenhaus als Mittelachse der Laubenganghäuser. Die bis Ende der 1930er Jahre unter nationalsozialistischen Vorgaben errichteten Wohnanlagen nördlich der Frankfurter Allee wie die GAGFAH-Siedlung (Rusche-/Kubornstraße), die Wohnanlage Schott-/Glaschkestraße sowie Eichen- und Lindenhof am Tierpark sind deutlich nüchterner in ihrer Fassadengestaltung. Schwerpunkt der Baupolitik 1933–1945 waren Repräsentations- und Gemeinschaftsbauten, Hofgestaltung und Grundrisse orientieren sich jedoch noch stark an Vorbildern des »Reformbauviertels« südlich der Frankfurter Allee.

Die architektonisch-städtebauliche Entwicklung ist beispielhaft abzulesen an der Waldsiedlung Karlshorst von Peter Behrens (1915–1920), Bruno Tauts Siedlung Paul-Koenig-Straße am Malchower Weg (1926), der Arbeitersiedlung »Die kinderreiche Familie« in der Dingelstädter Straße (1926–1929) den NS-Siedlungsbauten Eichen- und Lindenhof 1935-1936 und stellt auch sozialpolitisch einen für die Zeit exemplarischen Prozess dar.

Jedoch der Anspruch, bezahlbaren Wohnraum für Arbeiter aus den baulich und hygienisch heruntergekommenen Innenstadtquartieren zu schaffen, wurde während der Weimarer Republik im heutigen Lichtenberg wie im gesamten Berlin verfehlt. Mit Ausnahme etwa der »Klein Moskau« genannten Arbeitersiedlung Dingelstädter Straße konnten nur Angestellte und die sogenannte untere Mittelschicht Wohnraum mit »Licht, Luft und Sonne« bezahlen.

Rückblickend betrachtet ist Lichtenberg mit beispielhaften Wohnbauten aus der Reformzeit gesegnet, ein aussagekräftiger Längsschnitt durch die Etappen des Neuen Bauens vom Beginn des 20. Jahrhunderts bis zum Ende der 1930er Jahre. Das Erkennen ihrer Bedeutung und ihre Erhaltung liegt in den Händen der Bewohner und ihrer gewählten Vertreter. Wenn dieser Architekturführer dazu beitragen kann, hat er seine Aufgabe erfüllt.

1 BVG-Siedlung

BVG-Siedlung
Siegfriedstraße 17–27a
Architekten:
Helmuth Grisebach
und Heinz Rehmann
Bauzeit:
um 1925

Die Gemeinnützige Heimstättengesellschaft der Berliner Straßenbahn GmbH ließ an mehreren Standorten in Berlin durchaus wirkungsvoll erscheinende Wohnbauten errichten. Südlich des Straßenbahnhofs Siegfriedstraße entstanden um 1925 zwei Wohnblocks mit großen grünen Innenhöfen und Walmdächern, die durch eine nicht öffentliche, schmale Grünanlage verbunden sind. Der nördliche, einfacher gestaltete Block folgte später und wurde mit Zentralheizung versehen. Helmuth Grisebach und Heinz Rehmann, die als Grisebach & Rehmann nicht nur in Berlin Gebäude realisierten, darunter auch repräsentative Herrenhäuser, statteten den südlichen Block mit eigenwilligen, mit Balkonen bestückten und an den Ecken gequaderten Risaliten aus. Die geschwungen wirkenden Fensterrahmungen kontrastieren zu der sonst fast durchgängig rechtwinkligen Fassadenstruktur.

Mit den Gebäuden stehen auch die von Albert Brodersen gestalteten Innenhöfe als Gartendenkmale unter Denkmalschutz. Ein Teil der Ostseite des südlichen Blocks schließt den Freiaplatz auf seiner schmalen Westseite ab, ein Ensemble des modernen Wohnungsbaus der 1920er/1930er Jahre. DM

Splanemann-Siedlung

2

Splanemann-Siedlung
Friedenhorster Straße,
Splanemannstraße,
Ontarioseestraße
Architekt:
Wilhelm Primke
Bauzeit:
1926/27

Die Siedlung mit 31 Häusern, entstanden unter der Regie Martin Wagners, umfasste 138 Wohnungen mit zwei bis drei Zimmern, Küche, Kammer und Bad sowie Balkon/Loggia. Beim Bau wurde ein neues System auf Basis des holländischen »Patents Bron« getestet, eines Schnellbausystems nach amerikanischem Vorbild. Betonplatten, ca. 25 qm groß und 7 t schwer, wurden direkt auf der Baustelle gegossen. Die Arbeiter formten die Rahmen auf Bretterböden, legten Fensterrahmen ein und gossen den Beton in mehreren Schichten. Mit einem Portalkran wurden die fertigen Platten eingebaut und so binnen acht Stunden bis zu 360 qm Wand aufgestellt. Im Ergebnis stand der Rohbau nach zwei bis drei Tagen. Keller wie Innenausbau wurden weiterhin konventionell ausgeführt. Für die erhofften Kosten- und Zeitersparnisse erwies sich das Projekt jedoch als zu klein, der Bauplatz als zu verwinkelt. Die Laufkatze musste zu oft umgestellt, die Platten konnten nicht gleichzeitig gegossen werden. Diese Erfahrungen ließen das System in Berlin scheitern. Selbst im Zuge der Industrialisierung des Wohnungsbaus und des großflächigen Plattenbaus in den 1950er Jahren konnte sich die Herstellung von Betonplatten direkt auf der Baustelle nie durchsetzen.Im Zweiten Weltkrieg wurden 20 Wohnungen zerstört und auch nicht wieder aufgebaut. MW

Martin Wagner
(05.11.1885–28.05.1957) war Stadtplaner, Architekt und Stadthistoriker. 1918 wurde er Stadtbaurat von Schöneberg, 1926 von Berlin. Von Beginn seiner Arbeit an setzte er sich für soziales Bauen und eine moderne Freiflächenplanung ein. Er plante mit Heinrich Lassen die Lindenhofsiedlung in Schöneberg und mit Bruno Taut die Hufeisensiedlung in Britz. Als Stadtbaurat war er zudem für ein umfangreiches Wohnungsbauprogramm und den Ausbau Berlins zur »Weltstadt« verantwortlich.

3 Waldsiedlung Lichtenberg

Waldsiedlung Lichtenberg
Hegemeisterweg, Drosselstieg, Gleyeweg, Fuchsbau
Architekt: Peter Behrens
Bauzeit: 1919/20

Im südlichen Bereich des Berliner Stadtbezirks Lichtenberg liegt die teilweise unter Denkmalschutz stehende Waldsiedlung. Fast zeitgleich mit dem Fabrik- und Bürohaus der Nationalen Automobilgesellschaft (NAG) in Berlin-Oberschöneweide plante der Architekt Peter Behrens 1914/15 auf einem Areal von ca. 15 ha eine Siedlung mit Einfamilien- und Reihenhäusern im Auftrag der Stadtverwaltung Lichtenberg.

Bedingt durch den Ersten Weltkrieg musste die Planung noch einmal überarbeitet werden; sie sah nun etwa 500 Wohneinheiten in vorrangig zweigeschossigen Reihenhäusern entlang der Straßenzüge vor. 1919/20 wurden dann nur 117 Wohneinheiten gebaut. Dennoch haben die Wohnungen großzügige Grundrisse und private Gartenflächen (150–300 qm je nach Hausgröße). Zusätzlich entstanden Vierfamilienhäuser mit kleineren Wohnungen. Für den Bau verwendete Behrens einfache Materialien wie Kalkstein, Klinker und Sichtputz, erarbeitete jedoch ein aufwändiges Farbkonzept. Die Fassadenfarben sind Lichtgrau, Weinrot und Sandgelb. Dazu im Kontrast sind die Eingangstüren, Fenster und Fensterläden in Blau oder Grün gehalten. 1937 begann man das übrige Planungsgebiet mit Doppelhaushälften zu bebauen. Nach 1990 wurden die meisten Häuser von der Wohnungsbaugesellschaft an die Bewohner oder private Interessenten verkauft. CC

Kleinhaussiedlung Paul-Koenig-Straße

4

Kleinhaussiedlung Paul-Koenig-Straße
Architekten:
Otto Kuhlmann
und Bruno Taut
Bauzeit:
1926/27

Bereits 1920 gab es Entwürfe von Otto Kuhlmann für das Gebiet um Paul-Koenig-Straße, Titastraße und Malchower Weg. Einige Bauten wurden errichtet, u. a. die torähnlichen Gebäude in der Paul-Koenig-Straße, die den Eingang zur Siedlung symbolisieren. Nach einer durch finanzielle Schwierigkeiten bedingten Bauunterbrechung beauftragte 1925 die GEHAG (Gemeinnützige Heimstätten-, Spar- und Bau-Aktiengesellschaft) als Eigentümer Bruno Taut mit der Wiederaufnahme der Planungen für die Siedlung. Weitere 43 Häuser wurden von Bruno Taut entworfen und umgesetzt.

Um einen fast quadratischen Platz sowie die links und rechts einmündenden Straßen sind zweigeschossige Doppelhäuser, einige mit eingeschossigen Verbindungsbauten, angeordnet. Wesentliches Gestaltungsmerkmal war das für Taut typische intensive Farbkonzept: blaue und gelbe Giebel, roter Fassadenputz, kleinflügelige Fenster mit weißen Rahmen und weiße Türen. Gebäudeecke und Rollschicht am oberen Giebelabschluss aus rotem Klinker fassten die Flächen ein. An den Fassaden und Grundrissen haben vielfältige Veränderungen stattgefunden, so wurden u. a. Fassadenfarben geändert, Fenster und Türen ausgewechselt, wodurch der ursprüngliche Charakter verloren ging. AD

5

Siedlung »Die kinderreiche Familie«

Siedlung »Die kinderreiche Familie«
Dingelstädter Straße
Architekt:
Richard Reiche
Bauzeit:
1926/27, 1929

Klassisch im Sinne der politischen und hygienischen Reformen in der zweiten Hälfte der 1920er Jahre war die vom Reichsbund der Kinderreichen initiierte Siedlung »Die kinderreiche Familie« an der Landsberger Allee in Alt-Hohenschönhausen. 1926 bewilligte der Berliner Magistrat einen Pachtvertrag über 30 Jahre mit der Bau- und Siedlungsgenossenschaft für das Gelände an der Industriebahn an der Landsberger Allee. Gebaut wurde in zwei Abschnitten; 1926/27 wurden in der ersten Bauphase Häuser für sechs bis zwölf Familien mit mindestens vier Kindern errichtet. Entlang der Straßen 114 (Dingelstädter Straße) und 111 (Allendorfer Weg) entstanden eingeschossige Satteldachhäuser in ländlichem Stil, mit ausgebautem Dachgeschoss und drei bis acht Eingängen pro Haus. Kleine Gartenflächen auf der Rückseite sollten die Nahrungsergänzung mit Gemüse sichern. Infolge des Zuzugs sozial schwacher Bevölkerungsschichten in die Siedlung und die angrenzende Laubenkolonie »Sonnenblume«, der von Sozialdemokraten und vor allem von Kommunisten geprägt war, erhielt das Areal an der Dingelstädter Straße den Beinamen »Klein Moskau«. Aufgrund steigender Mietschulden bei der Stadt und Unstimmigkeiten zwischen SPD- und KPD-Mitgliedern im Vorstand der Siedlungsgenossenschaft ging die Wohnanlage nach 1931 in den Besitz der Pankower Heimstätten GmbH über.

AD

Wohnanlage Archibaldweg

6

Wohnanlage Archibaldweg
Archibaldweg,
Münsterlandstraße,
Giselastraße,
Rupprechtstraße
Architekt:
Bruno Ahrends
Bauzeit:
1925–1930

Bruno Ahrends – auch bekannt durch seine Wohnhauszeilen in der »Weißen Stadt« in Reinickendorf (1929–1931) – plante die vier- und fünfgeschossige Wohnanlage mit 313 Wohnungen als Blockrandbebauung mit Flachdach. Sie umfasst einen frei im Innenhof stehenden Wohnblock, dessen viergeschossige Kopfbauten die Grünanlagen zum Archibaldweg hin U-förmig abschließen. Durch starke Staffelung am schräg entlang der S-Bahn-Strecke verlaufenden Archibaldweg gelang es Ahrends, die Wohnräume nach Westen auszurichten und somit alle Wohnungen gut zu belichten.

Durch Höhenversatz von vier zu fünf Geschossen sowie Vor- und Rücksprünge in den Straßenfassaden erhält die geschlossene Blockrandbebauung einen dynamisch-lebendigen Charakter. Horizontale Klinkerbänder in den Fensterebenen in Archibaldweg und Rupprechtstraße unterstützen diese Dynamik. Ahrends arbeitete – ähnlich wie Erwin Gutkind beim Sonnenhof – straßenseitig mit einem einheitlichen Fensterformat, um den Lauf der Linien nicht zu unterbrechen. Das Dachgeschoss mit Trockenboden gibt den Gebäuden mittels geschlossener Wandfläche oder monotaktischer Lüftungsöffnungen einen zusammenfassenden oberen Abschluss. Je nach Himmelsrichtung erhielten die Hoffassaden auch Balkonanlagen. 2007 wurde die denkmalgerechte Sanierung der Wohnanlage durch die HOWOGE abgeschlossen. AD

7 Wohnanlage Scheffelstraße

Wohnanlage Scheffelstraße
Architekt:
Hans Kraffert
Bauzeit:
1926/27

Die L-förmige Wohnanlage, von Hans Kraffert für die Berliner Baugenossenschaft gestaltet, verfügt wie viele Reformbauten dieser Zeit über je zwei Zwei- bis Drei-Raum-Wohnungen pro Etage, die quer zu belüften sind. Den Wohnungen sind über alle vier Etagen mittig zwei zusammengefasste Loggien zugeordnet. Das herausragende Merkmal jedoch ist der für den Berliner Expressionismus einzigartige, spitz aus dem Straßenbild aufragende Staffelgiebel, der sich dem von der Eldenaer Straße kommenden Betrachter in skulpturartigen, an die »Amsterdamer Schule« erinnernden, aufstrebenden Wandflächen zeigt.

Die ausgeschnittene Straßenecke der Blöcke akzentuierte Kraffert durch Überhöhung mit Staffelgiebeln und eingeschobenen, nach oben spitz zulaufenden Gebäudeecken, deren Öffnungen nur Eckbalkone und das mit einer gestaffelten Bekrönung aufwändig gestaltete Eingangsportal sind. Die großen geschlossenen Putzflächen des gezackten Giebels sind in den vor- und rückspringenden vertikalen Gebäudekanten sowie an den Staffelgiebeln der schlicht gehaltenen Flügelbauten mit roten Klinkerbändern eingefasst. Die schräg gegenüberliegende Bebauung am Stadtpark von 1930 ist ein weiteres Werk von Hans Kraffert. AD

Wohnanlage Große-Leege-Straße

8

Wohnanlage Große-Leege-Straße
Große-Leege-Str. 56-59
Architekt:
Walter Hämer
Bauzeit:
1926–1929

Die von Walter Hämer, fast 90 x 90m quadratische Randbebauung, entlang der Sadinostraße, Küstriner Straße, Verdener Gasse und der Großen-Leege-Straße in Alt-Hohenschönhausen umschließt einen parkartigen, privaten Hofgarten, der von außen nicht zugänglich ist.

In dem viergeschossigen Gebäude werden über die Treppenhäuser je zwei Wohneinheiten mit jeweils Zwei-Zimmer-Wohnungen erschlossen. Alle Wohneinheiten sind so ausgerichtet, dass sie eine optimale Belichtung erhalten.

Die Fassaden in der Kürstriner Straße und Verdaner Gasse werden durch die vorspringenden belichteten Treppenhäuser gekennzeichnet. Die Fassade an der Großen-Leege-Straße bringt die klar gegliederte Fensteraufteilung und belichtete Treppenhäuser besonders zum Vorschein. Nur die Fassade der Sadinostraße zeigt sich mit vorspringenden Balkonen in Richtung Süd-Westen. An allen vier Gebäudeecken war ein Ladengeschäft mit großen Fensterflächen im Sockelgeschoss vorgesehen. Des Weiteren ist das Sockelgeschoss mit einem direkten Kellerzugang ausgestattet. Alle Fassaden sind durch horizontale Bänder aus dunkelgelben, glatten und ockerfarbene, rauen Putzflächen gegliedert. JM

9 Wohnhäuser Normannenstraße

Wohnhäuser Normannenstraße 13–18
Architekt: Bruno Taut
Bauzeit: 1927/28

Mit den drei Wohnblöcken an der Normannen-/Ruschestraße setzte Bruno Taut die Forderungen der Reformbewegung im Wohnungsbau der 1920er Jahre, »Licht, Luft und Sonne«, in mustergültiger Weise um. Es war die Weiterentwicklung der Berliner Blockrandbebauung mit offenen Innenräumen für Gartenanlagen/Gemüsegärten und Waschhäusern sowie Kindergärten und Spielplätzen, welche die Familien und insbesondere die Mütter entlasten sollten.

Taut plante bei dieser viergeschossigen Häusergruppe – ähnlich wie an seinen noch existenten Wohnhäusern von 1930/31 in Berlin-Wedding – zur besseren Belichtung und Grundrissgestaltung verglaste Loggien vor den Fassaden. Um auch innerhalb der Höfe mehr Luft und Licht in die Wohnungen zu bekommen, entwarf er eine kubische Staffelung der Gebäude, durch die sich der Block mit jedem Hauseingang weiter in den Innenhof verschiebt. Diese beispielhafte Wohnanlage wurde zugunsten der Erweiterungsbauten für die Zentrale des Ministeriums für Staatssicherheit in der Normannenstraße abgerissen. 1979 erfolgte die Sprengung der Wohnblöcke und der benachbarten Neuapostolischen Kirche. AD

Wohnanlage »Sonnenhof«

10

Wohnanlage »Sonnenhof«
Marie-Curie-Allee
Delbrückstraße
Archenholdstraße
Bietzkestraße
Architekt:
Erwin Gutkind
Bauzeit:
1925–1927

1925 beauftragte die Stadt und Land Siedlungsgesellschaft mbH Gutkind mit dem Entwurf einer Wohnanlage für das Gebiet Caprivi-Allee (Marie-Curie-Allee) / Delbrückstraße / Walderseestraße (Archenholdstraße) / Fürst-Bismarck-Straße (Bietzkestraße). Er entwickelte in kraftvollen Formen eine drei- bis viergeschossige gestaffelte Randbebauung, die eine parkartige Hofanlage umschließt.

Herzstück der Gartenarchitektur von Gustav Allinger und Karl Foerster ist der Kindergarten mit T-förmigem Grundriss in der Blockmitte, der sich, umlaufend verglast, zur Parkanlage hin öffnet. Daran schließt sich der von Bäumen umgebene Spielplatz an, flankiert von parkartigen, ebenfalls baumbegrenzten Flächen. Um den Blick auf die eigenen Kinder im Hof zu ermöglichen, sind Bäder und Küchen zum Hof, Wohn- und Schlafzimmer zur Straße hin ausgerichtet. So konnte Gutkind die Straßenfassaden mit einem einzigen Fensterformat in horizontale Putz-, Sichtbeton- und Ziegelbänder gliedern und die seinen Entwürfen eigene Dynamik erzielen. Den Wechsel von Putz- und Ziegelflächen unterbrechen nur die skulptural gestalteten Blockecken als dramaturgische Elemente. Der Grundriss ordnet sich meisterhaft der dynamischen Gestaltung der Fassade unter und ist doch ebenso von der Wohnungsbaureform durchdrungen. Die Wohnungen können vom Hof zur Straße durchlüftet werden und sind von je zwei Seiten belichtet. AD

11 Wohnanlagen »Erlenhof«, »Ulmenhof« und »Pappelhof«

Wohnanlagen »Erlenhof«, »Ulmenhof« »Pappelhof«
Rummelsburger Str.
Kraetkestr., Zachertstr.
Ribbecker Str.
Architekten: Projektierung Erwin Gutkind, zweite Planung Jacobus Goettel
Projekt: 1925
Bauzeit: 1928–1931

1925 erhielt Erwin Gutkind von der »Märkische Scholle Siedlungsgesellschaft mbH« den Aufrag, ein Gelände an der Rummelsburger Straße – flankiert von Kraetke-, Dallwitz- (Eggersdorfer Straße), Solz- (Ribbecker Straße) und Miquelstraße (Zachertstraße) – mit 450 Wohneinheiten zu beplanen. Das entspricht ungefähr der Größe des ersten Bauabschnitts der Hufeisensiedlung von Bruno Taut und Martin Wagner in Britz. Die Planung von Gutkind wird charakterisiert durch große, U-förmige sowie abgewinkelte und bandartige Bauteile, die großzügige Grün- und Hofflächen umschließen und in ihrer städtischen Grundriss-Struktur an die Ceciliengärten (1925) des Architekten Heinrich Lassen in Schöneberg erinnern.

Aufgrund von Dissonanzen zwischen Gutkind und dem Auftraggeber wurde Jacobus Goettel mit der Umplanung und Umsetzung beauftragt; ab 1928 bebaute er Teilbereiche unter den Namen »Erlenhof«, »Ulmenhof« und »Pappelhof«. Für sich genommen ist die parkartige Teichlandschaft im Erlenhof, wenn man sie den Berliner Hinterhöfen ihrer Zeit gegenüberstellt, herausragend. Obschon sie, auch in ihrem Maßstab, weit hinter den Grünflächen des Masterplans von Gutkind zurücksteht, hat Goettel mit dieser umschlossenen Hofanlage eine neuartige Großstadtoase für ihre Bewohner geschaffen. AD

Wohnanlage »Flusspferdhof«

12

Wohnanlage »Flusspferdhof«
Große-Leege-Straße
Architekten: Paul Mebes und Paul Emmerich
Bauzeit:
1932–1934

Die Wohnanlage, nach den Skulpturen ihres Wasserbeckens benannt, wurde von den Architekten Mebes und Emmerich gebaut, die in Berlin eine Vielzahl von Mehrfamilienhäusern und Siedlungen dieses Bautypus schufen. Auch der »Flusspferdhof« ist eine Kombination aus schlichten, preiswerten Straßenfassaden, unterbrochen nur von den schmalen liegenden Rechteckfenstern der Treppenhäuser, und einer lichten und luftigen Hofseite mit filigranen Doppelbalkonen.

Diese Konzentration auf den Innenraum mit Spielflächen und Wasserbecken zieht sich über drei parallele Wohnzeilen zwischen Große-Leege-Straße und Goeckestraße. Aufgelockert werden die gut belichteten, jedoch spartanisch gestalteten Zeilen von zurückgesetzten Laubengangbauten in der Blockmitte, deren Achse ein vorspringender, verglaster Treppenturm bildet. Links und rechts des Turms liegen durch Treppen angehobene Vorplätze zu den Läden im Erdgeschoss mit Waren des täglichen Bedarfs für die Bewohner. Die Wandbilder in den Durchfahrten, entworfen von Ilse Mebes, der Frau des Architekten, zeigen moderne Sportarten und Familienszenen mit allegorischen, sozialreformerischen Motiven.

Die Anlage wurde 1930 von der Wohnungsbaugesellschaft Gewobag in Auftrag gegeben. 1995–1997 wurden die Wohnungen modernisiert und die Außenanlagen originalgetreu wiederhergestellt. AD

13 Wohnanlage Genslerstraße

Wohnanlage Genslerstraße
Genslerstr. 39–47
Heiligenstädter Str. 2–8
Liebenwalder Str. 13–23
Architekt:
Walter Borchard
Bauzeit:
1929/30

Die Gebäude der Wohnanlage, die von Genslerstraße, Heiligenstädter und Liebenwalder Straße erschlossen wird, entwarf der Architekt Walter Borchard für die Landsberger Chaussee Terrain GmbH. Sie bestehen aus drei Vollgeschossen sowie einem Dachgeschoss. Die zwei Wohnungen pro Geschoss haben hof- und straßenseitig Fenster.

Anhand der vertikalen Glasbänder lassen sich an der Fassade die Treppenhäuser ablesen, die in der Breite der Eingangstür bis zur Traufkante führen.

In der Genslerstraße sind je zwei Balkone zusammengefasst. Diese treten zwei Meter hervor. Dadurch wird die straßenseitige Fassade durch den Rhythmus der auskragenden Balkone und Treppenhäuser gegliedert, die im Wechsel entweder von der Hof- oder von der Straßenseite aus belichtet sind.

Hofseitig sind zwei zusammengefasste Loggien bündig in den Fassaden angeordnet. Die helle Putzfassade wird nur durch marginale Klinkerflächen akzentuiert.

Nach Kriegsschäden wurde die Wohnanlage 1953 wiederhergerichtet. Die Grundrisse wurden mehrmals geändert und die Loggien durch die HOWOGE verglast. AD/MB

Wohnanlage Irenenstraße, Metastraße, Friedastraße

14

Wohnanlage Irenenstraße, Metastraße, Friedastraße
Architekt:
Adolf Rading
Bauzeit:
1930–1933

Die 190 Kleinwohnungen der winkel- und hufeisenförmigen Gebäude, die einen begrünten Hof umschließen, wurden im Auftrag der Gemeinnützigen Baugesellschaft »Berlin-Ost« als Arbeitsbeschaffungsmaßnahme von erwerbslosen Bauarbeitern errichtet. Ziel war es, Wohnraum zu einem geringen Mietzins für Arbeitslose zu bieten. Erschlossen wird die Wohnanlage durch je fünf Laubengänge, die von den scheibenartig hervortretenden Treppenhäusern links und rechts abgehen. Jeder dieser Laubengänge erschließt zwei Zwei-Zimmer-Wohnungen mit einer Wohnfläche von ca. 36 qm sowie zwei Zweieinhalb-Zimmer-Wohnungen mit 45 qm Wohnfläche. Die Wohnungen sind auf ein Minimum reduziert, so dass es z. B. nur Duschkabinen in den Bädern gibt. Das Laubengangsystem verringert die Zahl der Treppenhäuser und dient zusätzlich der Belüftung von Kochnische und Badzelle.

Die vier- und fünfgeschossigen Mauerwerksbauten mit hellbrauner Putzfassade sind schlicht gehalten. Lediglich die Vorsprünge der geschlossenen Treppenhausrisalite sowie die Laubengangbrüstungen aus hell- und dunkelbraunen Klinkern bringen Gliederung und Rhythmus in das Fassadenraster. Während des Krieges wurde die Wohnanlage schwer beschädigt und 1951 wiederaufgebaut. Die Grundrisse in der Irenenstraße wurden dabei verändert, die Fassadengestaltung beibehalten. MB

15 Villa Skupin

Villa Skupin
Wohnhaus
John-Sieg-Straße 13
Bauherr:
Paul Skupin
Architekt:
Franz Alcer
Bauzeit:
1928

Im Jahre 1928 ließ Paul Skupin von dem Architekten Franz Alcer auf dem Gelände seiner Wurstfabrik ein repräsentatives Wohnhaus errichten. Betrachtet man den schlichten würfelförmigen Baukörper mit seinen zwei Stockwerken und dem Walmdach, so fällt die ungewöhnliche vertikal getreppte Ecklösung auf.

Zu diesem extravaganten Detail gehört ein ebenfalls getreppter expressionistischer Wintergartenerker in der Hauptfassade. Im Inneren sind bis heute aufwendige Stuckdecken und Wandvertäfelungen sowie ein geheimer Wandschrank erhalten.

Ursprünglich stand die Villa nicht frei, sondern war mit den Fabrikgebäuden verbunden. Das Fabrikareal inklusive der Villa wurde 1958 an den VEB Fleisch- und Fettverarbeitung Berlin-Weißensee verkauft. Anfang der 1970er Jahre wurde die Fabrik abgerissen, um Baufreiheit für das Wohngebiet Frankfurter Allee Süd zu schaffen. Als einziges Gebäude ist das Wohnhaus erhalten geblieben, das heute unter Denkmalschutz steht und zu kulturellen Zwecken genutzt wird. JBS

Landhaus Lemke

16

Landhaus Lemke
Architekt:
Ludwig Mies van der Rohe, 1932/33
Oberseestraße 58/60, 13053 Berlin

In Alt-Hohenschönhausen, eingebettet in die Parklandschaft am Obersee, befindet sich das Landhaus Lemke. Es wurde 1932/33 von dem damaligen Bauhaus-Direktor Ludwig Mies van der Rohe erbaut. Auftraggeber war der Druckereibesitzer Karl Lemke. Das Haus ist kubisch und hat ein flaches Dach. Es hat einen L-förmigen Grundriss und ist eingeschossig. Die Fassade besteht aus hell- bis mittelroten Backsteinen. Zum Garten und zum See nach Süden und Westen öffnet sich der Bau mit wandhohen Terrassenfenstern, die als Stahl-Glaskonstruktion ausgeführt wurden. Das Wohnhaus ist mit 160 Quadratmetern Wohnfläche schlicht und klein. Es ist das letzte von Mies gebaute Haus, bevor er 1938 in die USA auswanderte. Auch die Möblierung des Hauses wurde im Büro von Mies van der Rohe in Zusammenarbeit mit der Bauhausmeisterin Lilly Reich vorgenommen. Heute befinden sich die Möbel aus dem Landhaus Lemke in der Sammlung des Berliner Kunstgewerbemuseums.

Das Landhaus hat einen großen Garten, der gestalterisch schrittweise in die Parklandschaft am Obersee übergeht. Mit der Anlage des naturnahen Gartens wurde das Büro Karl Foerster in Potsdam-Bornim beauftragt. Herta Hammerbacher, die zum Bornimer Kreis gehörte, übernahm die Bepflanzung. Seit 1990 ist es als »Mies van der Rohe Haus« öffentlich zugänglich und beherbergt eine lebendige Kunstinstitution. In den Jahren von 2000 bis 2002 erfolgte eine denkmalpflegerische Grundinstandsetzung. WN

17 AOK Deutschland Geschäftshaus

AOK Deutschland Geschäftshaus
Deutschmeisterstraße 16
Bauherr:
Allgemeine Ortskrankenkasse (AOK)
Architekt:
Wilhelm Grimme
Bauzeit:
1927/28

Das Gebäude an der Deutschmeisterstraße, Ecke Parkaue, wurde von dem Architekten Wilhelm Grimme 1927/28 für die Allgemeine Ortskrankenkasse (AOK) gestaltet. Es gehört zu einer Reihe von mehreren Großverwaltungsgebäuden, die zwischen 1910 und 1930 in deutschen Großstädten für die Ortskrankenkasse gebaut wurden. Schon ein Jahr zuvor ließ die AOK in Hamburg-Borgfelde einen ähnlich gehaltenen Wohn- und Geschäftsbau errichten.

Die spitzwinklig angeordneten Baukörper vereinen sich mittels einer auffälligen Ecklösung mit Rotunde zu einem Gebäudeblock. Alle Schaufassaden sind zeittypisch mit expressionistischen Klinkerdetails im Wechsel mit Putzflächen und spitzwinkligen Balkonen geschmückt.

Nach Gründung der DDR nutzte der Freie Deutsche Gewerkschaftsbund (FDGB) das Gebäude als Verwaltungssitz und Poliklinik. Nach 1990 wurde das Haus an die AOK zurückgegeben, der es seitdem wieder als Verwaltungsgebäude dient.
JBS

Finanzamt Lichtenberg (Haus 2 MfS)

18

Finanzamt Lichtenberg (Haus 2 MfS)
Magdalenenstr. 23–27/ Normannenstr. 20–22
Architekten: Reichsbauverwaltung (Karl Reichle, Wilhelm Weygandt)
Bauzeit: 1930–1932

Das ehemalige Finanzamt Lichtenberg wurde von der Reichsbauverwaltung errichtet. Zuerst entstand ein dreiflügeliger Bau, der Ende der 1930er Jahre um einen vierten, den Innenhof schließenden Flügel erweitert wurde. Das Gebäude mit seiner schlichten Lochfassade verweist eher auf die neue Sachlichkeit denn auf die Monumentalität zahlreicher Bauten aus der Zeit des Nationalsozialismus. Zum gliedernden Element werden dunkle Formziegel in den Fenstergewänden und den großen Eingängen. Außerdem wurde ein Sockel aus vorgeblendeten Ziegeln ausgebildet, der die unterschiedlichen Höhen des Geländes optisch ausgleicht.

Kurz nach dem Ende des Krieges, am 15. Juli 1945, übernahm Erich Mielke die Leitung der Polizei-Inspektion Lichtenberg, die in dem Häuserblock stationiert war. Nachdem am 8. Februar 1950 die Provisorische Volkskammer der DDR einem Gesetz zur Bildung des Ministeriums für Staatssicherheit zugestimmt hatte, nutzte Mielke die Chance und holte die Zentrale der Stasi in »sein« Gebäude. Damit begann eine Entwicklung, in deren Verlauf die Staatssicherheit erst unauffällig und dann immer deutlicher den gesamten Häuserblock in Beschlag nahm. Diesem Prozess fielen auch die Häuser von Bruno Taut sowie die Neuapostolische Kirche in der Normannenstraße westlich des ehemaligen Finanzamtes zum Opfer. MW

19 Lindenhof / Eichenhof

Lindenhof / Eichenhof
Hofbauten
Am Tierpark 55–73
(Lindenhof)
Am Tierpark 75–89
(Eichenhof)
Architekt:
nicht bekannt
Bauzeit:
1938

Die Grundstücke der Wohnanlagen Lindenhof und Eichenhof, die sich unweit des heutigen Berliner Tierparks befinden, gehörten bis 1936 zum angrenzenden Schlosspark Friedrichsfelde. Die Hofbauten sind von der Grundform her identisch und lediglich über die Zufahrtstraße Criegernweg gespiegelt. Erschlossen werden die Wohnungen von der Straße »Am Tierpark«, ursprünglich ein Teil der Treskowallee.

Die Fassade der Straßenseite wird durch die Treppenhäuser und die auskragenden Balkone gegliedert. Je zwei Balkone sind zusammengefasst und springen aus der Fassade hervor. Belichtet wird das Treppenhaus von der Straßenseite aus. Es erschließt in jedem Geschoss zwei Wohneinheiten – hauptsächlich Zwei-Zimmer-Wohnungen –, die im Hochparterre beginnen. Alle Wohnungen sind mit Balkonen ausgestattet, die sich bis auf die der äußeren Wohnungen zur Straße hin orientieren. Aus der Fassade der Hofseite treten lediglich die Balkone der seitlichen Wohnungen hervor.

1950/51 wurden Lindenhof und Eichenhof nach Kriegsschäden wiederaufgebaut. Die Dachgeschosse wurden 1987 ausgebaut, um Wohnraum zu schaffen, und die Fassaden im Jahr 2000 einer sogenannten energetischen Sanierung unterzogen. Die Wohnanlage ist gegenwärtig in einem guten Zustand. MB

Wohnanlage Freiaplatz

20

Wohnanlage Freiaplatz
Freiastraße 1-4
Architekt:
Helmuth Grisenbach
Bauzeit: 1922
Rüdigerstraße 39-42a
Bauzeit: 1927
Siegfriedstraße 17-21
Architekten:
Helmuth Grisebach,
Hans Rehmann
Bauzeit: 1925
Wotanstraße
Bauzeit: 1938-40

Bereits vor seiner Bebauung in den 1920er Jahren wurde der Freiaplatz als Schmuckplatz mit charakteristischem Strohdach-Pilz sowie diagonaler und kreisförmiger Wegestruktur angelegt. Das Gehölz ist zum Teil schon sehr alt. 2012/13 erfolgte eine Neukonzeption und Sanierung. Der Platz gewinnt an der Nordseite durch den 1922 zurückgesetzt errichteten Wohnblock Freiastraße 1–4 bedeutend mehr Grünfläche, deren Betreten jedoch durch eine Abgrenzung behindert wird. Der an den Rändern offene und durch offene Tore betretbare Wohnblock Freia-, Wotan-, Gotlinde- und Siegfriedstraße verfügt über einen großen begrünten Innenhof. Durch die geometrisch gegliederten Putzfassaden mit großzügigen Balkonnischen, hervortretenden Balkonbrüstungen und versetzte Baukörper, entsteht eine aufgelockerte Wirkung. Zusammen mit den BVG-Häusern an der Westseite des Platzes sind sie die erste Blockbebauung Lichtenbergs nördlich der Frankfurter Allee. Im Süden schließt der Platz mit den 1927 von der Gemeinnützigen Bau- und Siedlungsgenossenschaft Postheimstätte errichteten Wohnhäusern Rüdigerstraße 39–42a ab. Auffällig sind die Hauseingänge mit Klinkerrahmung, die spitz vorspringenden Treppenhäuser und die relativ engen Balkonnischen. Die schmucklosen Wohngebäude an der Westseite entstanden um 1938–1940. DM

21 Betonhäuser Victoriastadt Vorboten moderner Bautechnologie

Betonhäuser Victoriastadt
Nöldnerstraße 19
Türrschmidtstraße 17,
Spittastraße 25, 28–30, 40
Architekt:
Albrecht Türrschmidt
Bauherr:
Cementbau AG
Bauzeit:
1871–1877

Die Rezeptur entsprach fast der des heutigen Betons: »Portlandcement aus der Sternfabrik Stettin, Sand aus der Gegend von Cöpenick, Heerdschlacke aus Gasfabriken, Geröll aus Rüdersdorf, Steinbrocken von eingerissenen Häusern«

Mit dem Boom in der Spätgründerphase Berlins um 1870 traten auch Mangelerscheinungen zutage, wie der immense Bedarf an Wohnraum. Allein 1871 zogen 130.000 Menschen in die Hauptstadt des neuen Kaiserreiches. Immer mehr Wohnraum wurde benötigt; herkömmliche Baumittel wie Ziegelsteine wurden rarer und teurer. Darauf reagierten die Gebrüder Anton und Albert Lehmann, Woll- und Plüschwarenfabrikanten aus Boxhagen-Rummelsburg, geschäftstüchtig mit einem innovativen Plan: Zusammen mit dem Teppichhändler Albert Protzen gründeten sie 1871 die Cementbau AG, um ihre neu erworbenen 20 ha Wiesenland nördlich des Kietzer Landwegs (später Prinz-Albert-Straße, heute Nöldnerstraße), die sie zu Ehren Queen Victorias »Victoriastadt« getauft hatten, mit Häusern aus Betonschlacke zu bebauen.

Ein ehemaliger Lehrbursche aus der Lehmann'schen Fabrik war nach England ausgewandert und hatte dieses Bauverfahren dort kennen gelernt. Betonschlacke konnte durch Stampfen in Gleitschalungen nach dem Trocknen und Aushärten zu enormer Festigkeit gelangen. Bis 1877 sollten 62 Häuser in dieser Bauweise in der Victoriastadt entstehen. Bedingt durch die Zerstörungen während des Zweiten Weltkrieges, aber auch durch die weitgehende Vernachlässigung der Altbausubstanz in der DDR überdauerten von den Betonhäusern ganze fünf. ST

Portland-Cement-Haus Labor zukünftiger Bauweisen

22

Portland-Cement-Haus
Geschäftshaus/ Institutsgebäude
Dönhoffstraße 38
Bauherr: Verein Deutscher Portland-Cement-Fabrikanten
Architekt: A.Schneider
Bauzeit: 1901, Erweiterungen 1926, 1927

Beton war Ende des 19. Jahrhunderts zwar ein innovativer, universell einsetzbarer Werkstoff, unter Akademie-Architekten jedoch immer noch verpönt. Der Name »Portland-Cement« sollte daher an den Portland-Stein erinnern, einen grauen Kalkstein von der Insel Portland, der als besonders edel galt.

Für den Verein Deutscher Portland-Cement-Fabrikanten war es entsprechend wichtig, nicht nur ein repräsentatives Domizil zu schaffen, sondern auch die Einsatzmöglichkeiten des Werkstoffes zu demonstrieren. So entstand eine Art Baukastenhaus, fast vollständig aus Betonteilen – von der Konstruktion wie Wänden und Decken bis hin zum üppigen Stuck. Auch im Innern sollte das Gebäude möglichst vielfältig sein. Neben Repräsentationsräumen fanden sich eine Produktausstellung und eine Materialprüfanstalt für Betonprodukte. 1926 und 1927 kamen zwei Anbauten hinzu, die u. a. ein Betonmuseum beherbergten. Nach dem Zweiten Weltkrieg beschlagnahmten die Sowjets das Anwesen und ließen technische Apparate sowie das Museum abtransportieren. 1972 zog die Botschaft Algeriens ein, später die der Mongolei. Bis heute erhalten ist der holzgetäfelte Saal des Botschafters. Nach der Wende verließen die Diplomaten das Gebäude, 1994 bis 1998 diente es als Außenstelle des Bundesarchivs. Seit 2003 befindet es sich in Privatbesitz. JBS

23 Wohn- und Geschäftshaus Frankfurter Allee 151

Wohn- und Geschäftshaus Frankfurter Allee 151
Bauherr: Carl Fischer
Bauzeit: 1910/11

Bei diesem Wohn- und Geschäftshaus handelt es sich um ein Beispiel vormodernen städtischen Bauens.

Standort des von dem Zimmermeister Carl Fischer errichteten Gebäudes ist das Eckgrundstück Frankfurter Allee/Rathausstraße. Über dem typischen Ladengeschoss liegen drei Wohngeschosse. Die Fassaden sind mit verhaltenem Putzornament gestaltet und durch Ziegelflächen gegliedert. Zwischen den beiden straßenseitigen Erkern mit ihren repräsentativen je drei Fenstern befinden sich große Loggien.

Jedes Geschoss erhielt sein eigenes Gepräge: Ein stark gewölbtes Gesims trennt das Erdgeschoss mit den Geschäften sichtbar vom übrigen Haus. Dem eher schlichten ersten Obergeschoss folgt die dekorativer gestaltete Beletage. Im obersten Stockwerk springen die die Fassade dominierenden Balkone zurück und vermitteln die Eigenständigkeit dieses Geschosses.

Maßstäblichkeit und Baukörpergestaltung sowie dekorative Details des Gebäudes sind in diesem Bereich das letzte authentische Beispiel für die hier vor dem Ersten Weltkrieg erbauten Wohn- und Geschäftshäuser.

Eingebettet zwischen der SK-Scheibe mit der Egon-Erwin-Kisch-Bibliothek und dem ehemaligen Fernmeldeamt des MfS zeigt es eindrucksvoll die Baugeschichte an dieser Stelle auf. Als Eckhaus verbindet der Gründerzeitbau die von der DDR-Modernen geprägte Frankfurter Allee mit dem hier beginnenden alten Lichtenberg samt Rathaus und Cecilien-Lyzeum.
ST

Industrie- und Verkehrsbauten in Lichtenberg 2

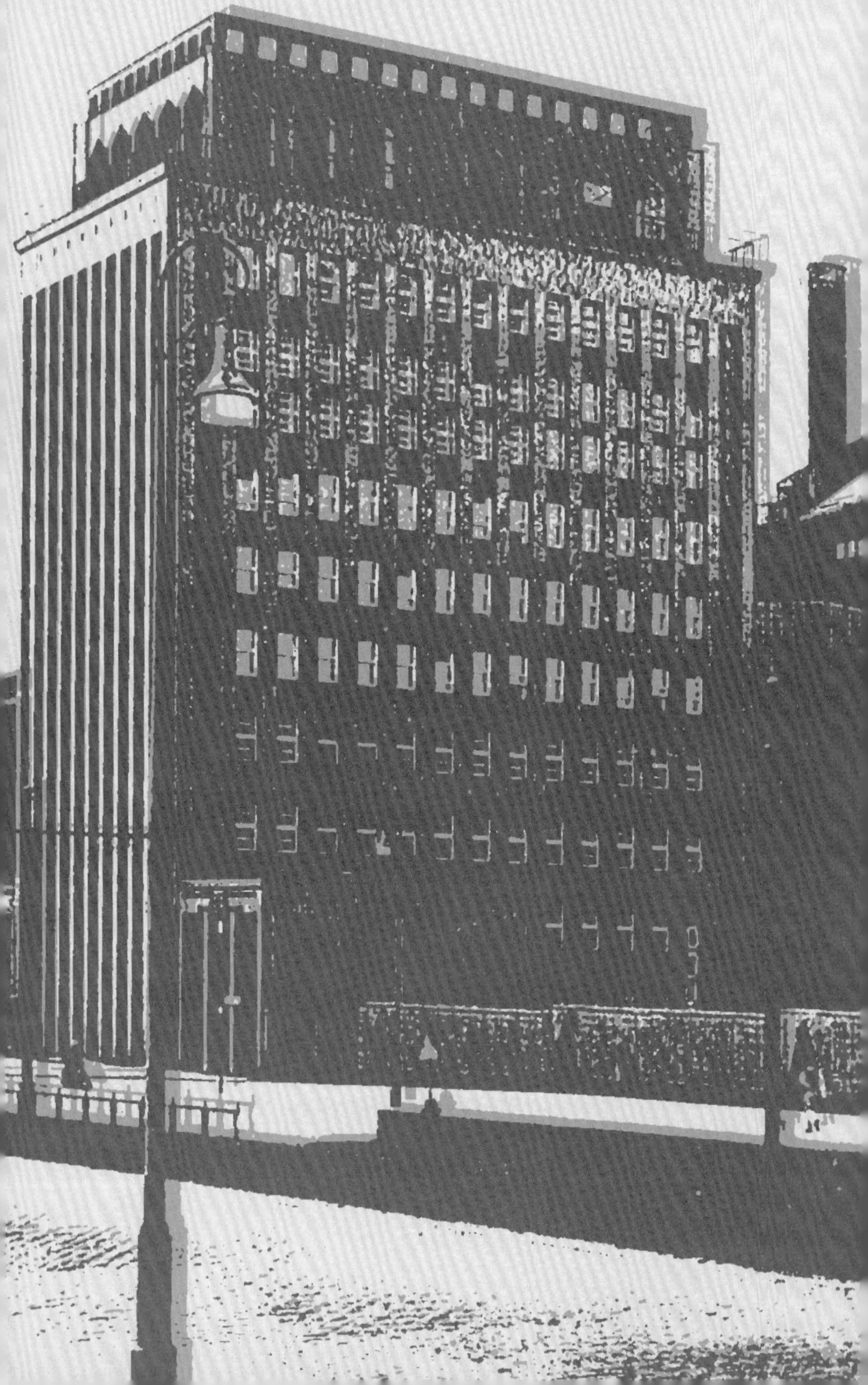

Industriebauten in Lichtenberg
Katrin Lompscher

Ohne die Industrie gäbe es die »moderne Stadt« Lichtenberg nicht. Bedeutende Erfindungen und Produkte sind mit Lichtenberg verbunden – von der Brotschneidemaschine über das Perlon und die Druckluftbremse bis zu Elektroden aller Art. Ausschlaggebend für die rasante Entwicklung Lichtenbergs waren der Flächenbedarf der wachsenden Industrie, die häufig spekulative Erschließung neuer Baugebiete und die Entwicklung der Verkehrsinfrastruktur.

Albert Roeder aus Sachsen kaufte schon 1856 das rund 300 ha große Rittergut Lichtenberg, ließ es ab 1872 parzellieren und von einer Terraingesellschaft als Bauland verkaufen. Auf dem ehemaligen Rittergut entstand so bis in die 30er Jahre des 20. Jahrhunderts eines der bedeutenden Berliner Industriegebiete. Roeders Sohn Hermann Franz Leo sorgte ab 1883 als Eigentümer und Kommunalpolitiker (Lichtenberger Gemeindevorsteher 1892–1896) mit dafür, dass das Gemeinderecht im Sinne der industriellen Entwicklung modernisiert und kommunale Infrastruktur wie das Entwässerungssystem sowie ein eigenes Elektrizitätswerk aufgebaut wurde.

Das Rittergut Lichtenberg hatte über Jahrhunderte der Stadt Berlin gehört, die es erst Anfang des 19. Jahrhunderts im Zuge der preußischen Agrarreformen verkauft hatte. Jedoch kaufte Berlin ein großes Grundstück zurück und ließ von Stadtbaurat Hermann Blankenstein bis 1893 die II. Städtische Irrenanstalt in Herzberge errichten. Ihr schon vor 1900 entstandener eigener Bahnanschluss wurde später durch seine Fortführung zur Roederbahn Lebensader für das Industriegebiet an der Herzbergstraße.

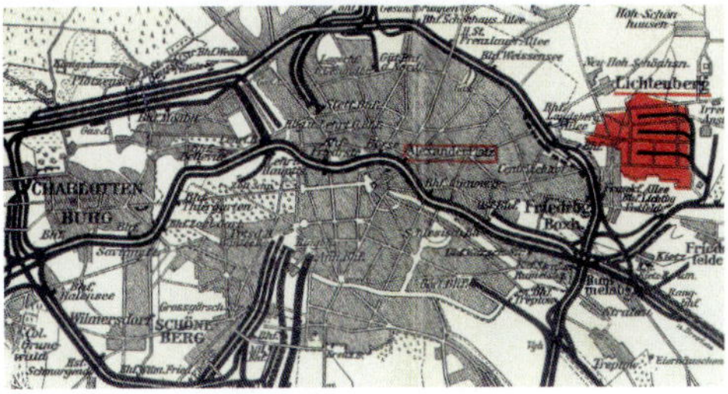

Ans Berliner Eisenbahnnetz angeschlossen: Das Lichtenberger Industrierevier, um 1900

Berlin erwarb auf dem Lichtenberger Gemeindegebiet beträchtlichen Grundbesitz für wichtige städtische Einrichtungen: den Zentralfriedhof in Friedrichsfelde, das Waisenhaus und das Arbeitshaus in Rummelsburg, das Zwischenpumpwerk Lichtenberg an der Landesberger Allee und die Kraftwerke in Rummelsburg. Auch der 1913 eröffnete, damals größte Straßenbahnhof der Welt in der Siegfriedstraße ging später in städtischen Besitz über. Das Vorhandensein von städtischen Infrastruktureinrichtungen Berlins beflügelte die Entstehung neuer Wohngebiete und die Ansiedlung weiterer Firmen. Und nicht zuletzt schufen die Baumeister der Stadt und der Unternehmen markante Lichtenberger Bauten: für die BVG Alfred Grenander, für die BEWAG Hans Heinrich Müller sowie Richard Schultze und Henry Gill für die Wasserbetriebe.

Der 1908 errichtete Schrotkugelturm der Bleigießerei und Maschinenbaufabrik Juhl & Söhne in der Nöldnerstraße 15/16 prägt bis heute das Stadtbild der Victoriastadt

Die Berliner Industrie setzte schon vor 1850 zu ihrer Randwanderung vor die Tore der Residenzstadt an. Bauland wurde hier schnell knapp und teuer, weshalb die Betriebe weiter nach draußen zogen. Terraingesellschaften hatten seit Mitte des 19. Jahrhunderts begonnen, Ackerflächen im Umland in Erwartung des kommenden Baubooms aufzukaufen. Die schnell wachsende Eisenbahninfrastruktur von Ring- und Ostbahn mit dem Güterbahnhof Friedrichsberg (heute Frankfurter Allee) 1871, den heutigen Bahnhöfen Ostkreuz 1872 und Lichtenberg 1881 schuf beste Ansiedlungsbedingungen für die zweite und dritte Randwanderung der Industrie im Osten Berlins. Hinzu kam um 1886 die Anschlussbahn Lichtenberg zur damaligen »Irrenanstalt Herzberge«, um 1903 der von der Terraingesellschaft Rittergut errichtete Industrie-Umschlagbahnhof und ab 1907 die Industriebahn Friedrichsfelde–Tegel, die der Landkreis Niederbarnim aus eigenen Mitteln finanziert hatte. Deshalb gibt es auf dem Gebiet Lichtenbergs nicht ein großes Industrieareal wie z. B. in Schöneweide, sondern eine Reihe von Standorten entlang dieser Industriebahn, die weiter über Hohenschönhausen, Weißensee, Blankenburg und Wittenau bis zum Tegeler Hafen führte.

Als Lichtenberg 1898 sein Rathaus eröffnete, war es noch ein Dorf mit reichlich 38.000 Einwohner/-innen. 1908 hatte die frischgebackene Stadt Lichtenberg schon über 70.000 Einwohner/-innen und bei der Bildung von Groß-Berlin 1920 mit rund 145.000 mehr als doppelt so viele. Diese Zahlen verdeutlichen das Tempo der industriellen und baulichen Entwicklung Lichtenbergs, die in Rummelsburg wegen des Spreezugangs zuerst einsetzte und dann ab den 1870er Jahren das Gesicht Lichtenbergs in kurzer Zeit komplett veränderte.

Der Stadtbahnhof Neu-Lichtenberg (Nöldnerplatz) um 1910

Lichtenberg ist durch die Industrie groß und modern geworden. Das neue Bauen begann für die Industrie: Stahl, Beton und Glas waren die Baustoffe, mit denen Geschossbauten und Hallen für die modernen Fertigungsmethoden errichtet wurden. Peter Behrens, damals leitender Architekt der AEG, war der Pionier des Bauens für die Berliner Industrie. Seine AEG-Turbinenfabrik in Moabit (1909) ist ein typisches Beispiel des Funktionalismus. Klare Linienführung, Skelettbauweise, langgestreckte Fronten, Eckbetonungen, Fensterbänder, Oberlichter, sich regelmäßig wiederholende Stützen – das sind Stilmerkmale der Industriearchitektur bis heute.

Die Flaggschiffe der Industriearchitektur in Lichtenberg sind zweifellos die Bauten von Alfred Grenander für Knorr-Bremse am Ostkreuz (1913–1927) und das von Walter Klingenberg und Werner Issel erbaute Kraftwerk Klingenberg in Rummelsburg (1925–1927). Aber es gibt viele weitere moderne Bauten für die Industrie in Lichtenberg, die in diesem Kapitel näher vorgestellt werden. Andere herausragende Architekten und Ingenieure ihrer Zeit wie Bruno Buch und Paul Karchow haben Spuren hinterlassen. Ob Stahlskelettbauten für Fabrikationszwecke oder Gebäude mit verklinkerten Fassaden für Infrastrukturzwecke – gemeinsam ist ihnen eine zweckmäßige, nüchterne und dennoch ausdrucksstarke, mitunter elegante bis expressionistische Gestaltung.

Die Modernität der Industrie in Lichtenberg hat nicht nur eine bautechnische Seite. Neben technischen gab es auch soziale Innovationen. Zu diesen zählen unternehmenseigene moderne Wohnanlagen, die gesondert vorgestellt werden.

Mit der Konsumgenossenschaft Berlin und Umgegend eG siedelte sich darüber hinaus ein neuer Unternehmenstyp an. »Der Mann in die Gewerkschaft, die Frau in die Konsumgenossenschaft« – das war die Losung für ein Wirtschaftsmodell, das den Lebensstandard der Fabrikarbeiter/-innen verbessern sollte. Die Konsumgenossenschaft erwarb um 1900 ein etwa 124.000 qm großes Areal zwischen Rittergutstraße (heute Josef-Orlopp-Straße), Ruschestraße und Bornitzstraße. Ab 1910 entstanden dort Verwaltungs- und Vorstandsgebäude, Wohnhäuser, Lagerhäuser sowie eine eigene Großbäckerei. Später kamen eine Wurstfabrik, weitere Wohnblocks, eine zweite Bäckerei, ein Kesselhaus und ein Werkstattgebäude mit betriebseigener Tankstelle hinzu.

Nazizeit und Krieg, das hieß auch in Lichtenberg: Umbau der Unternehmen mit Führer und Gefolgschaft, kriegswichtige Produktion und Zwangsarbeit. Die Lichtenberger Industriegebiete überstanden diese Zeit mit großen Schäden.

Was nicht im Krieg zerstört worden war, wurde vielfach als Reparation demontiert bzw. produzierte für den sowjetischen Bedarf. In der DDR-Zeit wurde Lichtenberg als Industriestandort wieder auf- und ausgebaut, Unternehmen verschwanden, wurden umbenannt, neue kamen hinzu. Neue Bauten wurden errichtet, alte ausgebaut bzw. ergänzt. Die Architektur folgte mit vorgefertigten Stützen, Trägern und Wandelementen auch hier den ökonomischen Vorgaben des industrialisierten Bauens. Der Industriebau in der DDR ist mit dem Namen Egon Mahnkopf, Hauptarchitekt des staatlichen Projektierungsbüros Industrie-Entwurf Berlin (IEB), auf besondere Weise verbunden. Er war u. a. 1986 für die Rekonstruktion und Erweiterung des Kraftwerks Klingenberg verantwortlich. Entstanden ist ein kraftvolles und kontrastreiches Ensemble, bei dem die Rücksichtnahme auf die historische Architektur genauso wichtig war wie die zeitgemäße Weiterführung der vorhandenen Ordnungsprinzipien.

Die Industrie-Entwicklung in Lichtenberg ist seit 1990 von Abbruch, Umbruch und Zerstörung gekennzeichnet. Bis auf Ausnahmen hat die »Fabrikstadt« Lichtenberg aufgehört zu existieren. An wenigen traditionellen Orten wird noch oder wieder produziert. Alle Bemühungen um Wirtschaftsförderung und Neuansiedlungen konnten angesichts der strukturellen Deindustrialisierung kaum Erfolg haben. Dennoch ist es richtig, Flächen für gewerbliche Nutzungen zu sichern und nicht z. B. für Wohnungsneubau zu nutzen.

Das Verwaltungsgebäude des ehemaligen Bekleidungswerks VEB Fortschritt in der Möllendorffstraße 9 dient heute als Wohnhaus.

Im Fokus steht deshalb heute und künftig die Umnutzung ehemaliger Industrieareale. Aktuell werden in einstigen Kindergärten neue Kollektionen entworfen, auf verlassenen Bahngeländen und in ansonsten leerstehenden Gebäuden tummeln sich Kreative, aus früheren Fabriken sind Büros geworden. Ein stadtweit beachtetes und einzigartiges Beispiel ist das Dong Xuan Center auf dem Gelände der früheren Siemens-Plania-Werke (VEB Elektrokohle) an der Herzbergstraße. In einer der größten Textilfabriken Berlins, der des Peek-&-Cloppenburg-Vorläufers Beha GmbH (VEB Fortschritt) im Karree Möllendorffstraße/Normannenstraße, gibt es jetzt exklusives Wohnen, auf dem Areal der ehemaligen Reichsmonopolverwaltung (später Fahrbereitschaft des Ministerrats der DDR) in der Herzbergstraße einen hippen Kunststandort. Das kann aber nicht darüber hinwegtäuschen, dass noch immer große Teile der früheren Fabrikstadt in desolatem Zustand sind und einer ungewissen Zukunft entgegensehen. Doch darin liegen wie immer auch Chancen.

24 Aceta-Verwaltungsgebäude

Aceta-Verwaltungs-gebäude
Hauptstraße 9–11
Architekt: Paul Karchow
Bauzeit: 1912

Das Aceta-Verwaltungsgebäude dokumentiert anschaulich die Tendenzen der Industriearchitektur kurz vor dem Ersten Weltkrieg: Eine klare Gliederung durch scharf eingeschnittene Kassetten, in denen die Fenster liegen, dominiert die Fassade. Gepaart mit klassischer Formensprache wie Walmdach und Zwerggiebel sowie der barockisierenden Dachform prägt sie die Straßenseite und repräsentiert mit dem dahinterliegenden ehemaligen Produktionsgebäude das Werk.

ACETA leitet sich von Acetylzellulose, einem Grundstoff für die Kunstseideproduktion, ab.

1925 fusionierte die IG Farben mit den zur AGFA gehörenden Produktionsstätten und gründete am 15. September 1925 die Aceta GmbH, um bei der Produktion von Acetat-Kunstseide mit England gleichzuziehen. Dieses Unterfangen wurde mit der Entwicklung des Perlons durch Paul Schlack von Erfolg gekrönt. Während des Nationalsozialismus wurde auch diese Produktionsstätte komplett der IG Farben unterstellt. Mit der »Arisierung« schieden die jüdischen Aufsichtsratsmitglieder Arthur von Weinberg, Otto von Mendelssohn Bartholdy und Ernst von Simson aus dem Unternehmen aus. Zu Kriegsende wurde das Werk im Rahmen von Reparationsleistungen demontiert. Nach Freigabe durch die SMAD nahmen verschiedene Betriebe die Produktion auf. Im VEB Kunststoffwerk Aceta wurden bis zur Schließung 1990 Angelschnüre, Puppenhaare und andere synthetische »Schnüre« gefertigt.
ST

AGA-Automobilvertriebsgesellschaft 25

AGA-Automobilvertriebs-gesellschaft
Herzbergstraße 82–84
Architekt:
Bruno Buch
Bauzeit:
1916–1919

Der Industriestandort Herzbergstraße beheimatete neben Stahl-, Chemie- und Papierwerken auch ein Automobilwerk. Die Aktiengesellschaft für Automobilbau, kurz AGA, produzierte in einer kurzen, aber ruhmreichen Ära Automobile. Die damals erfolgreichste Rennfahrerin, Clärenore Stinnes, gewann mit diesem bis zu 21 PS starken Boliden. Der schwedische König fuhr einen AGA, ein weiterer siegte bei der ersten Rallye in der jungen Sowjetunion. Die Pleite 1924 wurde zur Staatsaffäre.

Nicht nur wegen der eigenwilligen Kombination aus Trittbrett und Spritzschutz erfreute sich der AGA 6/20 PS großer Beliebtheit.

Gebaut wurden die Wagen in dem heute denkmalgerecht sanierten Gebäude am östlichen Ende der Herzbergstraße. Die schlossähnliche Anlage zeugt von früherer Pracht. Dunkle Klinker wechseln sich mit langen vertikalen Fensterbändern ab. Ein durchgesteckter Baukörper verbindet das zurückgesetzte Hauptgebäude mit den beiden seitlich stehenden Annexbauten. Anders als bei einer barocken Schlossanlage sind die beiden Seitenflügel nach hinten gestreckt.

Die imposante AGA-Geschäftszentrale weist viele Merkmale der späten preußischen barocken Formensprache auf. Nach dem Firmenbankrott beherbergte das Gebäude ab 1940 den Reichsfiskus, um dann ab 1949 dem Kombinat »Großhandel Waren des täglichen Bedarfs« als Dienststelle zu dienen. Heute befinden sich im »Corvus-Haus« verschiedene kommunikative, kulturelle und soziale Einrichtungen. ST

26 Berliner-Kindl-Schultheiss-Brauerei

Berliner-Kindl-Schultheiss-Brauerei
Indira-Gandhi-Straße 66
Architekten:
Hans Claus
und Richard Schepke
Bauzeit: 1929

Erster Blickfang ist der 33 m hohe Turm an der Straßenfront. Die klaren Formen ineinandergesteckter Kuben zeigen, wie einfach Architektur sein kann. Ornamente sind hier nur angedeutet, die Funktion dominiert die Formensprache. Die fensterlosen Wandflächen sind einzig mit drei schlanken Rundbogenblenden belebt, über dem Gesims abgeschlossen und durch zwei zurücktretende Geschosse mit schmalen Fensterbändern vollendet.

In den 1920er Jahren verlegte die Kindl-Brauerei sowohl ihren Verwaltungssitz als auch die Mälzerei in die damalige Lichtenberger Straße und ließ den Siloturm sowie mehrere Produktionsgebäude errichten. Im vorderen Betriebsgelände befindet sich die Mälzerei. Gerstenannahme und Gerstenlagerboden liegen zurückgesetzt auf einem zur Straßenfront hin leicht gedrehten, rechteckigen Grundriss. Die Gebäudekanten der Mälzerei erzeugen so den Eindruck einer zackigen, gestaffelten Blockbebauung. Im Hintergrund erhebt sich das eher klassisch-konservativ gehaltene Verwaltungsgebäude. ST

Gaswerk Lichtenberg Wasserturm und Gaswerksiedlung

27

Gaswerk Lichtenberg mit Wasserturm und Gaswerksiedlung
Köpenicker Chaussee 24–39
Architekten:
Gottlieb Tesch,
Ernst Engelmann,
Emil Fangmeyer
Bauzeit:
1914, 1925/26, 1928

Eindrucksvoll erhebt sich wie eine Nadel der von Gottlieb Tesch erbaute Wasserturm am Blockdammweg. Die Vertikalität wird durch die Lisenen an den Ecken des Oktogons noch betont. Vom Verwaltungsgebäude, einem Bau im Stil der klassischen Industriearchitektur seiner Zeit, abgesehen ist der Turm das letzte Zeugnis des ehemaligen, 1914 in Betrieb genommenen Gaswerks Lichtenberg. Der Neubau wurde nötig, da der alte Standort aus allen Nähten platzte und der Bedarf an Stadtgas von Jahr zu Jahr zunahm: Waren es bei Gründung noch 265.539 m³, so stieg die Produktion bis 1913 auf das 50-Fache.

Neben den ehemaligen Produktionsgebäuden zwischen der Köpenicker Chaussee und dem breiten Gleisbett der Bahn vermittelt besonders die 1925/26 errichtete Wohnanlage für die Gaswerksmitarbeiter einen Eindruck von Größe und Bedeutung des Standortes. Die historische Gestaltung der dreigeschossigen roten Klinkerbauten mit markanten Schaugiebeln erinnert an gotische Giebelhäuser der Hansestädte. Die langgestreckte Straßenfassade ist streng symmetrisch dreigliedrig angelegt. Der leicht vorgerückte mittlere Abschnitt wird seitlich von runden Eck-Erkern begrenzt – eine für die 1920er Jahre typische noch bestehende Neigung zu einer zwar nicht im Detail, wohl aber im Gesamteindruck historisierenden Gestaltung. ST

28 Kraftwerk Klingenberg

Kraftwerk Klingenberg
Köpenicker Chaussee 42–45
Architekten: Walter Klingenberg und Werner Issel
Bauzeit: 1925–1926

In der 1920er Jahren zog der Strom in die privaten Haushalte ein. 1925 waren über 25 % der Berliner Wohnungen an das Stromnetz angeschlossen – eine mächtige Herausforderung für eine moderne Stadt. Nach dem ersten Spatenstich am 15. September 1925 wurde das Kraftwerk in nur 15 Monaten Bauzeit fertiggestellt.

Der expressionistische Bau an den Ufern der Spree reckte stolz acht Schornsteine in den Himmel. Steinkohle produzierte in 16 Kesseln 270 MW im modernsten Kraftwerk Europas. Die frei werdende Wärme wurde selbst aus heutiger Sicht nachhaltig genutzt. In einer Gewächshausanlage wurden Auberginen, Weintrauben und andere für Berlin exotische Pflanzen gezüchtet. Auch die Lichtenberger profitierten davon: Das nahe gelegene Flussbad bekam ein Warmbecken mit bis zu 35 Grad heißem Wasser, seine Besucher konnten so länger dem Nass frönen als die übrigen Berliner.

In den 1960er Jahren wurde der zunehmenden Umweltverschmutzung Rechnung getragen. Eine Rauchgasentstaubung und Elektrofilter wurden installiert und 1980 durch eine Entschwefelungsanlage ergänzt, so dass sich bis heute die Verschmutzung der Luft in Grenzen hält. ST

Knorr-Bremse

29

Westlich der Victoriastadt, an der Ringbahn, erhebt sich eine imposante Industriekulisse. Die 1905 gegründete Knorr-Bremse AG ließ sich von dem schwedischen Architekten Grenander ein neues Hauptwerk bauen. Turmbauten flankieren die Ecken der mit großen Fenstern gegliederten Gebäude.

An Türmen und Zwischenrisaliten kommt mit vertikal aufstrebenden lisenenhaften Gliederungen eine klare gotische Formensprache zum Ausdruck. Dem südwestlichen Turm geben angedeutete seitliche Eckpfeiler ein sakrales Aussehen. Diese Industriekathedrale wird durch eine eindrucksvolle, auch farblich abgesetzte Dachetage abgeschlossen.

1922 revolutionierte die Firma Straße und Schiene: Dank der Druckluftbremse ließen sich alle Räder eines Fahrzeuges gleichzeitig zum Stillstand bringen. In den 1930er Jahren waren fast alle deutschen Lkw mit Bremsanlagen der Firma Knorr ausgerüstet – die AG stieg zu Europas größtem Bremsenlieferanten auf.

Ein schwarzes Kapitel wurde während des Zweiten Weltkriegs aufgeschlagen. Über 1.200 Zwangsarbeiter wurden für die reibungslose Fortführung der Kriegsproduktion eingesetzt. Nach Kriegsende fiel die Firma dem sowjetischen Sektor zu. Der Betriebsstandort Neue Bahnhofstraße erhielt den Status einer Sowjetischen Aktiengesellschaft. Die wiederaufgenommene Produktion von Bremsen diente zunächst ausschließlich Reparationszwecken. 1954 wurde der Standort Hirschberger Straße in den VEB Berliner Bremsenwerk umgewandelt.
ST

Knorr-Bremse
Hirschberger Straße 4
Architekt:
Alfred Grenander
Bauzeit:
1922–1927

30

Konsumgenossenschaft Berlin und Umgegend

Konsumgenossenschaft Berlin und Umgegend
Vorstands- und Verwaltungsgebäude/ Bäckerei
Josef-Orlopp-Straße 34–36
Architekt: Leberecht P. Ehricht
Bauzeit: 1913/14

Die Konsumgenossenschaft Berlin und Umgegend eG – kurz Konsum Berlin – ist eine Einzelhandels- bzw. Verbrauchergenossenschaft, die 1899 aus mehreren Vorläufer-Genossenschaften und Konsumvereinen hervorging. Nach englischem Vorbild sollte sie kleine Handwerksbetriebe gegen die Erzeugnisse der schnell wachsenden Industrie schützen. 1908 hatte die Lichtenberger Vereinigung schon über 10.000 Mitglieder. 1909 begannen die Arbeiten für ein in Berlin einzigartiges Bauensemble. 1913 begonnen, von den Kriegswirren unterbrochen, 1930 fertiggestellt. Der erste Bauabschnitt, von Ehricht in einer großbürgerlichen Formensprache gestaltet, diente der Verwaltung des Unternehmens. Auch die Bäckerei ist von Mittelrisalit, Bögen, Dachreiter und Säulen geprägt. Das Verwaltungsgebäude gehört wohl zu den Prunkstücken unter den städtischen Geschäftshäusern und kann mühelos mit denen im Herzen Berlins mithalten. Ein rasanter Aufstieg endete mit dem Kampf der Nationalsozialisten gegen »Reste marxistischer Wirtschaftsformen«. Zunächst sollte ein Gesetz über Rabatte von 1933 die Attraktivität drastisch einschränken, 1935 wurde die Auflösung aller »lebensunfähigen« Genossenschaften verfügt. Der Konsum in der DDR umfasste über 200.000 Mitglieder, 14.000 Mitarbeiter, 1.000 Kaufhallen, elf Kaufhäuser und 80 Clubgaststätten. Damit erwirtschaftete er einen Umsatz von rund drei Milliarden Mark. 2004 beendeten Liquidatoren diesen einzigartigen Teil der Wirtschafts- und Sozialgeschichte Lichtenbergs.

ST

»Der Mann in die Gewerkschaft, die Ehefrau in die Konsumgenossenschaft! So ergänzen sich beide im Kampf um die soziale Hebung der Arbeiterklasse.«
»Vorwärts« vom 4. April 1909

Konsumgenossenschaft Berlin und Umgegend

30

Konsumgenossenschaft Berlin und Umgegend
Werkstattgebäude und Tankstelle/Wohlfahrtsgebäude
Ruschestraße 64–70/ Josef-Orlopp-Straße 38–42
Architekt: Otto Wettstein
Bauzeit: 1926/27–1929/30

Nicht weit vom Hauptsitz in der Josef-Orlopp-Straße entfernt befinden sich die Werkstattgebäude und die Tankstelle der Konsumgenossenschaft. Der langgestreckte horizontale Bau weist die klassischen Merkmale der expressionistischen gotisierenden Baumode des frühen 20. Jahrhunderts auf. Dreieckige Lisenen zerschneiden vertikal aufstrebend die klare Fassade, gekrönt mit hervorspringenden, ebenfalls als Dreieck ausgeführten Kapitellen. Die durchgängig quadratisch gegliederten Fenster, die in verschiedenen rechteckigen Abmaßen die Außenhaut strukturieren, verschaffen mit ihrem ruhigen Rhythmus der Fassade einen ausgewogenen Takt.

Beim Bau der Wohlfahrtsgebäude in der Josef-Orlopp-Straße stellte Wettstein eine sehr gelungene Verbindung zu den Vorgängerbauten von Ehricht her. Eine schlichtere Fassadengestaltung, Materialität sowie die Gliederung in Haupthaus und Seitenflügel fügen sich in die vorhandene barocke Dominanz ein.

Das Gelände in der Rusche-/Bornitzstraße wurde in der Blütezeit der Konsumgenossenschaft erworben und wenig später bebaut. Im Geschäftsjahr 1928/29 waren rund 170.000 Menschen Mitglied in dieser Solidargemeinschaft, das Eigenkapital betrug fast sechs Millionen Reichsmark (kaufkraftbereinigt in heutiger Währung: rund 20 Millionen Euro). ST

31

Norddeutsche Kugellagerfabrik GmbH

Norddeutsche Kugellagerfabrik GmbH
Josef-Orlopp-Str. 92–96
Architekt:
Adolf Meyer-Luyken
Bauzeit: 1938/39

Die zunehmende Industrialisierung und der damit einhergehende Fahrzeugverkehr erforderten immer mehr Bauteile. Der Bedarf an Kugellagern, einem wichtigen Bestandteil, war in den 1930er Jahren immens. Der Maschinenschlosser Gerhardt Brandt, der Kaufmann Richard Brandt, der Ingenieur Franz Heindl und der Werkzeugmachermeister Willy Schulze gründeten daraufhin die Kugellagerfabrik.

Auf dem Areal, das anfangs zur Fabrik gehörte, nahm eine Maschinenhalle den meisten Platz ein. Ein übereck gestellter nordwestlicher, dreistöckiger Kopfbau mit einem Innenhof diente der Verwaltung. An die Maschinenhalle schloss sich südlich eine kleinere Lagerhalle an. Die Anlieferung des Rohmaterials und der Abtransport der fertigen Produkte erfolgten über die Industriebahn, die von der ehemaligen Terraingesellschaft zwecks verstärkter Ansiedlung von Fabriken parallel zur gesamten Rittergutstraße angelegt worden war. Die Betriebsfläche betrug etwa 36.500 qm.

Nach Erweiterungen in den 1970er und 1980er Jahren umfasste das Werksgelände eine Fläche von rund 51.200 qm, die nördlich von der Josef-Orlopp-Straße, östlich von der Siegfriedstraße und südlich von der Bornitzstraße begrenzt wurde. Vor allem im Bereich von Siegfried- und Bornitzstraße hatte die Direktion die Errichtung weiterer Produktions- und Lagerhallen veranlasst. ST

Lufttechnische Anlagen, Werk II

32

Lufttechnische Anlagen, Werk II
Herzbergstraße 87-99
Generalplanung:
Joachim Härter,
Bau- und Montagekombinat Ingenieurhochbau Berlin
Bauzeit:
1978/83

In der Herzbergstraße wurden seit 1914 Geräte für die Be- und Entlüftung, Entstaubung und Klimatisierung von Gebäuden produziert. Der VEB Lufttechnische Anlagen, hervorgegangen aus den Firmen Danneberg & Quandt sowie Büchner & Ruhnke, ließ seit 1978 an der Nordostecke zur Siegfriedstraße für die Herstellung von Lüftern ein neues Werk errichten.

Als Grundlage für den Dessauer Entwurf legten Studien des Industriearchitekten Härter bereits die spannungsvolle Gruppierung der Baukörper fest: An der Kreuzung bildet das winkelförmige, aus sechs- und siebengeschossigen Kuben bestehende Gebäude für die »Produktionsvorbereitung« mit dem Autotrans-Verwaltungsbau (1979–1981, Günter Stahn) auf der Nordwestseite einen Platzraum. Der Findlingsbrunnen vor dem Haupteingang stammt von Lutz Rudolph, von einem Unbekannten die poppig-organischen »Strukturen«, die ursprünglich vor allem die Giebelwandstreifen in ziegelrotem, gelbem und dunkelbraunem Mosaik belebten. Den heutigen Sitz der Firma »Berliner Luft« markiert eine Werbegestaltung in Blautönen (2000, Hans Hoßfeld). Nach Osten schließt sich die Halle des Zentrallagers an, verbunden mit der zurückgesetzten Produktionshalle. Im Nordbereich steht vor dem Hallenbau der separierte Kubus der Pressenhalle, der mit dem quadratischen Speisegebäude (1978/79, nach Typenentwurf KB III) ein harmonisches Ensemble von Baukörpern bildet. UH

An der Bauausführung waren beteiligt:
Bau- und Montagekombinat Ingenieurhochbau Berlin
Ausführungsentwürfe:
Gustav Wieschke,
Heinz Dietrich,
Eva-Maria Perlet,
Rudolf Goerlitz
(Statik und Konstruktion)
u. w. Mitarbeiter,
Wohnungsbaukombinat Halle, Betrieb Projektierung und Technologie,
Produktionsbereich 3,
Brigade 2 Dessau

33 Umspannwerk Lichtenberg

Umspannwerk Lichtenberg
Wiesenweg 5–9
Bauzeit:
1904

Das Elektrizitätswerk wurde 1904 erbaut, im selben Jahr, in dem der Bau beschlossen wurde. Das genutzte Grundstück liegt in einem dreieckigen Areal, das vollständig von Bahnschienen umschlossen wird. Dieses Gebiet beherbergte eine für die Zeit typische Mischung aus Wohn- und Gewerbebauten sowie ein 1890/91 errichtetes Gaswerk. Beide Versorgungswerke leisteten einen wichtigen Beitrag zur Entwicklung Lichtenbergs, so dass die Stadt bei ihrer Eingemeindung im Verhältnis zu anderen Gemeinden über einen hohen Urbanisierungsgrad verfügte.

Das neue Elektrizitätswerk wurde in märkischer Backsteinarchitektur errichtet; heute ist die historische Gestaltung, geprägt von Klinkerverblendungen und spitzbogigen Fenstern, nur noch am östlichen Gebäudeteil zu erkennen. Zahlreiche Umbaumaßnahmen und die Wiederaufbauarbeiten nach 1945 veränderten den Bau grundlegend. Bemerkenswert ist auch, dass im Inneren ein Luftschutzbunker eingebaut wurde. Lange Zeit war vieles von der historischen Technik noch erhalten.

In der DDR wurde das Werk vom Energiekombinat Ost, nach der Wende von Vattenfall als Umspannwerk eingesetzt. Seit 2007 wird das ehemalige Umspannwerk privat genutzt. Ein Zentrum für Musik und Medien ist eingezogen, das u. a. zahlreiche Proberäume anbietet. MW

Margarinewerke Berolina

34

Margarinewerke Berolina
Herzbergstraße 55
Architekt:
Karl Schramm
Bauzeit:
1909

1909 errichtete der Architekt Karl Schramm in der Herzbergstraße einen Gebäudekomplex, der bereits 1916 erweitert wurde. Es entstanden ein Verwaltungshaus, Lager- und Fabrikräume, Werkstätten und ein Maschinenhaus. Bauherr war höchstwahrscheinlich die Van den Bergh's Margarine-Gesellschaft m. b. H., die 1888 bei Kleve gegründet worden war. Die Firmengründung in Deutschland diente dem niederländischen Mutterunternehmen dazu, Schutzzölle zu umgehen. Das Grundstück weist nur eine schmale Straßenfront auf, erstreckt sich dafür aber bis tief ins Blockinnere. Die Komplexität der Nutzung lässt sich in der ersten Hofdurchfahrt erahnen, wo noch historische Schienenreste zu sehen sind.

Das Vorderhaus ist repräsentativ gestaltet, mit Jugendstilelementen und deutlichen Bossierungen. Die sorgsame Gestaltung setzt sich, wenn auch nicht ganz so prächtig, bis in die Hinterhöfe fort, so dass das gesamte Areal einen für die damalige Zeit »wohlhabenden« Eindruck vermittelte.

Während der DDR-Zeit wurde das Grundstück von den Margarinewerken Berolina genutzt. 2007 wurde der Komplex von einem Investor erworben. Heute haben sich in den Räumen verschiedenste Gewerbetreibende angesiedelt. MW

Die Nationalsozialisten strebten eine größere Autarkie Deutschlands an und versuchten, die Bevölkerung ohne Importe zu versorgen. Daraus ging das sogenannte »Fettmonopol« hervor, an dem auch Unilever beteiligt war. Die Berliner Tochter, Margarine-Verkaufs-Union, gründete mit der Deutschen Walfang GmbH Hamburg 1937 das Unternehmen Unitas, eine Walfanggesellschaft mit eigener Flotte, die vor dem Zweiten Weltkrieg vermutlich zwei Fangreisen unternahm. Aus dem Walöl eines Blauwals konnten bis zu 100.000 Päckchen Margarine hergestellt werden. Ein Nebenprodukt war Glyzerin, das in der Kriegsproduktion zu Nitroglyzerin verarbeitet wurde.

35

Postamt Lichtenberg 1

Postamt Lichtenberg 1
Dottistraße 12–16
Architekt:
Adolf Mattheus
Bauzeit:
1926

In der nach dem Lichtberger Fabrikanten Joseph Anton Dotti benannten Straße wurde 1926 das Postamt Lichtenberg erbaut: ein viergeschossiger Klinkerverblendbau mit 23 Achsen unter einem Satteldach. Neben dem Postamt waren auch das Fernsprechamt Berlin-Ost und das Telegrafenbauamt Lichtenberg im Obergeschoss untergebracht.

Die Fassade ist streng sachlich mit drei Zugängen und rundbogigen Durchfahrten in den Außenachsen gestaltet. Der Haupteingang wird durch gestaffelte Gewände betont, das Erdgeschoss ist mit einem kräftigen Gesims aus Kunststein abgesetzt. Dekorative, aus Klinkermaterial entwickelte Felder schließen die Fenster der einzelnen Geschosse zu Bändern zusammen. Über dem mittleren Portal zwischen erstem und zweitem Obergeschoss ist eine Puttengruppe mit Schriftband und Baudatum zu sehen.

Ende der 1940er Jahre nutzte der sowjetische Geheimdienst das Gebäude. Ab 1950 diente es dem MfS für staatspolizeiliche Zwecke. Die in dem Haus untergebrachte Rundfunkknotenstelle und das internationale Fernmeldeamt gehörten zu den Objekten, die von ihrer Funktion und Bedeutung her unmittelbar mit dem MfS verzahnt waren.

Zwischen 1995 und 2013 stand der Bau leer. Heute wird das alte Postamt für Wohnzwecke genutzt. ST

Siemens-Plania AG
VEB Elektrokohle

36

Siemens-Plania AG
VEB Elektrokohle
Werk/Verwaltungs-gebäude/Kulturhaus
Herzbergstraße 128
Bauausführung:
Arnold Kuthe/
Bauakademie
Bauzeit: 1905–1916,
1950/51

Das Unternehmen Gebrüder Siemens & Co. wurde 1872 in Charlottenburg gegründet und zog 1907 nach Lichtenberg. Der Umzug war geologisch bedingt: Wegen der Lage im Osten sowie am Stadtrand konnten Emissionen wie Stäube und Gase, die bei der Produktion von Kohleerzeugnissen wie Kohlestiften und Kohlenstoffelektroden endstanden, stadtauswärts geleitet werden. Mit einem Umsatz von 20,5 Millionen RM 1930 war der Standort Lichtenberg einer der größten Produzenten von Naturgraphitprodukten und somit in den Jahren des Zweiten Weltkrieges wichtiger Hersteller von Kriegsprodukten.

Die Sowjetische Aktiengesellschaft (SAG) bestand 1945-1953 und verwaltete etwa 200 enteignete deutsche Betriebe mit ca. 3.000 Beschäftigten.

Nach dem Krieg wurde das Werk von der SAG enteignet, teilweise demontiert, 1953 als eines der letzten SAG-Werke zurückgegeben und in VEB Elektrokohle umbenannt. Die Werkhallen wichen Markthallen: Im Dong Xuan Center wird heute rege Handel getrieben. Von den alten Gebäuden verblieben nur das ehemalige Verwaltungsgebäude sowie das Kulturhaus. Das schlichte, für die damalige Zeit typische Bürohaus wurde vor kurzem denkmalgerecht renoviert. Das nach 1945 erbaute Kulturhaus grenzt ebenfalls an die Herzbergstraße. Dieses im Stil der klassischen DDR-Nachkriegsmoderne der 50er Jahre gestaltete Haus erlebte kulturelle Höhepunkte. 1989 spielten hier die »Einstürzenden Neubauten«. ST

37 Stolte Zementdielen GmbH

Stolte Zementdielen GmbH
Hauptstraße 1
Architekten:
Karl Ruf
und Eduard Demme
Bauzeit:
1927

In den 1920er Jahren boomte das Baugewerbe: Neben Tausenden benötigten Wohnungen –1929 wurden in Berlin 44.000 fertiggestellt – wurden auch Industriebauten errichtet. Das nach seinem Erfinder, dem Genthiner Paul Stolte, benannte Werk produzierte Betonfertigteile für Massivdecken und Wände. 1900 in Friedrichshain gegründet, musste das Werk schon bald wegen fehlender Ausbauperspektive umziehen. Die Firma erwarb von den Norddeutschen Eiswerken ein Gelände an der Rummelsburger Bucht.

Dort wurden 175 Wohnungen und Läden an der Straßenfront gebaut. Der an den Rummelsburger See angrenzende Teil des Geländes wurde zur Produktion der »Stolte-Zementdiele« genutzt. Bis in die 1960er Jahre wurden Materialien wie Kies und Sand auf dem Wasserweg angelandet. Infolge der Verschlammung des Rummelsburger Sees war dies später nicht mehr möglich.

Die Produktion wurde 1995 vollständig eingestellt. Kleine Dienstleister und Kleinfirmen haben sich heute auf dem Gelände angesiedelt. Zwei an der Straßenfront stehende, viergeschossige Wohnhäuser sind letzte Zeugnisse dieses Ensembles.

ST

BEWAG Gleichrichter- und Umspannwerk Lichtenberg

38

BEWAG Gleichrichter- und Umspannwerk Lichtenberg
Herzbergstraße 111
Architekt:
Hans Heinrich Müller
Bauzeit:
1928

Wie Karl Friedrich Schinkel und Friedrich Gilly bewunderte Müller die mittelalterliche Marienburg in Ostpreußen. Eine korrespondierende Formensprache findet sich bei fast allen seiner zahlreichen Bauten in Berlin. 1924 übernahm Müller die Leitung der Bauabteilung der Berliner Städtischen Elektrizitätswerke AG. In dieser Position gestaltete er berlinweit Umspannwerke und Schaltstationen der BEWAG und entwickelte eine ganz eigene Formensprache.

Den Einfluss der Marienburg variierte er in seiner Architektur vielfältig in Bezug auf Volumenkomposition, Formensprache und Detailausbildung – so auch in dem Umspannwerk in der Herzbergstraße.

Dem klaren, im Erdgeschoss von großen Toreinfahrten gegliederten Baukörper wurden wehrturmgleiche Annexbauten zur Seite gestellt. Ganz unspektakulär vereinigte der Baumeister hier moderne Sachlichkeit mit Brandenburger Backsteingotik.

Ein starker Einfluss seines umfangreichen Werks ist im Schaffen von zeitgenössischen Berliner Architekten des Rationalismus wie Hans Kollhoff oder Petra und Paul Kahlfeldt erkennbar. ST

39 Zwischenpumpwerk Lichtenberg

Zwischen-pumpwerk Lichtenberg
Landsberger Allee 230
Architekten:
Richard Schultze
und Henry Gill
Bauzeit: 1893–1915

Die Wasserversorgung war für die aus allen Nähten platzende Stadt Berlin, insbesondere für die expandierenden Vorstädte, von immenser Bedeutung. Ein 1888 vom Berliner Magistrat beschlossenes Großprojekt, begonnen 1889 am Müggelsee, ging bereits wenige Jahre später in Betrieb: 1893, wegen einer Cholera-Epidemie in Hamburg schon drei Monate vor Plan, rauschte das erste Wasser durch die 1,2 m dicken und 16 km langen Leitungen in das Zwischenpumpwerk Lichtenberg.

Während für die technische Bauleitung der Engländer Henry Gill unter Beratung von Robert Koch zuständig war, wurde die architektonische Bauausführung in die Hände von Richard Schultze gelegt. An dem damals noch »menschenfernen« Standort in Lichtenberg – laut dem Berliner Adressbuch von 1900 fanden sich zwischen Weißenseer Weg und Hohenschönhauser Feldmark neben Baustellen lediglich die Städtischen Wasserwerke – entwarf der Regierungsbaumeister ein dem Zeitgeist entsprechendes, der Backsteingotik nachempfundenes Ensemble. Schon Zeitgenossen empfanden das Werk als die glücklichste und erfreulichste Schöpfung, die seitens der Bauverwaltung zur Ausführung gelangte. Noch heute wirkt die Anlage wie ein nostalgisches Kleinod zwischen den umstehenden Wohnhochhäusern aus der DDR-Zeit. ST

Maschinenbauhandel Karlshorst

40

Maschinenbauhandel Karlshorst
Blockdammweg 60-64
Architekten:
Bürogebäude: Hans Cott, Hermann Diedicke
Betriebsgaststätte:
Rolf Fricke,
Lagerkomplex:
Kuffner, Hegenbart, Fricke und weitere Mitarbeiter, Bau- und Montagekombinat Erfurt, Industrieprojektierung Jena
Bauzeit: 1969-1971

Von dem Versorgungskontor für Maschinenbauerzeugnisse vermittelt das Bürogebäude den ersten, prägenden Eindruck. Der längliche, achtgeschossige Bau ist in der Stahlbetonskelett-Montagebauweise SK Berlin errichtet worden. Er zeigt, fein variiert, deren typischen Ausdruck: Die Langseiten sind in plastische Brüstungsplatten mit blauem Kleinmosaik und in Fensterstreifen mit dunkelblau verglasten Blindfeldern vor den Stützen gegliedert. Hier wird eine horizontale Dynamik erzeugt, während die Giebelseiten mit glatten, geschosshohen Eckschäften und raueren, mit Kies belegten Giebelplatten als klare Abschlüsse wirken. Die beiden Treppenhäuser auf der Südseite sind leicht vorgezogen und zeigen weiße Relief-Elemente in Diamantstruktur. Auf dieser Seite sind zwei Flachbauten angeschlossen, wobei das gut gestaltete Gebäude für den Großrechner R 300 an der Ostseite auffällt. Dahinter befindet sich der kompakte Komplex der Lagerhallen, montiert in einer speziellen Stahlbetonkonstruktion, die durch die umlaufende Verglasung der oberen Teile mit Industrie-Rohglas transparent wird. Es steht noch die fünfschiffige große Halle an der Nordseite, an die sich westlich niedrigere Bauten anschließen. Die höheren Hallen im Südostbereich sind dagegen abgerissen worden. Das Erhaltene gibt jedoch bis heute einen Eindruck von diesem einheitlich geplanten Versorgungsbetrieb. UH

Architekten des EDV-Gebäudes:
Gerhard Roch, Heinz Stoll u. w. Mitarbeiter Bau- und Montagekombinat Kohle und Energie, Industrieprojektierung Dresden

41 Möbelkombinat Berlin-Karlshorst

Möbelkombinat Berlin-Karlshorst
Blockdammweg 49-57
Architekten:
Gerhard Hesse
mit Fritz Barth,
Artur Golombiewski
(Statik),
Helmut Drischmann
(Konstruktion)
u. w. Mitarbeitern
Industrieprojektierung
Berlin
Bauzeit: 1961/63

Das vor allem durch das Wohnzimmer Modell «Carat» bekannte Möbelwerk nahm im November 1964 im Karlshorster Industriegebiet die Produktion auf. An diesem alten Gewerbestandort war es neben dem VEB Maschinenbauhandel der einzige Betrieb, der komplett neu gebaut wurde.

Von der Straße aus zeigten sich seine wichtigsten »Funktionen« in ihrer Spezifik: Der 200 Meter langen Produktionshalle mit ihren Sheddächern ist ein Sozial- und Verwaltungsbau von drei Geschossen vorgesetzt. Das Treppenhaus am Südgiebel lässt durch hohe Glasstreifen die Schrägen der Treppenläufe erkennen, abgestimmt mit denen der Sheds dahinter. Ein verglaster Gang schloss das zweigeschossige Technik-Gebäude an, vor dem der Pavillon des Pförtnerhauses stand. Jedes Bauwerk ist in seiner Dach- und Fassadengestaltung besonders geformt und wirkt zugleich durch feine Details, so die farbigen Muster in Kleinmosaik an den Brüstungs- und Deckenstreifen, als Teil einer Gesamtanlage. (Sie wurde ab 1971 im Hinterland durch einen Bau für das »UV-Lackverfahren« erweitert, Räume, in denen die Möbel-Oberflächen mittels ultravioletter Strahlen schnell getrocknet werden konnten.) Das Technikgebäude mit dem Verbindungsgang ist leider vor einiger Zeit abgerissen worden; doch die vorhandenen Bauten lassen noch immer die Qualitäten dieses typischen Werks der »Leichtindustrie« erkennen. UH

BVB-Busbahnhof Indira-Gandhi-Straße

42

BVB-Busbahnhof Indira-Gandhi-Straße
Indira-Gandhi-Str. 75–98
Architekten:
Norbert Ruhe
Kollektiv Günter Franke
Karlheinz Reitzig
Herrmann Kißig
Volkmar Wurzbacher
Bauzeit:
1959–1966

Im Frühjahr 1966 wurde die Omnibusreparaturhalle eröffnet. Bereits sieben Jahre zuvor begannen die Planungen. Das Ziel war ein großer, stützenfreier Bau. Dieser sollte mittels eines leichten verspannten Hängedaches realisiert werden, das in dieser Form in der DDR noch nicht umgesetzt worden war. Die an eine Hängebrücke erinnernde Front der Halle spiegelt deutlich die Konstruktion des Daches sowie die Konstruktion der Scheibenwiderlager und dient mit der großen Glasfläche gleichzeitig der Hallenbelichtung.

Die notwendigen Träger- und Spannseile des Daches bilden gegenläufige Parabeln, die für die Kräfteweiterleitung am sinnvollsten sind. Die Scheibenwiderlager nehmen die Kräfte auf und leiten sie ab. Zwischen den Scheibenwiderlagern wurden zweigeschossige Anbauten errichtet, welche die Nebenräume, Lager, Sozialräume und Büros beherbergen.

Die Halle selbst ist 50 m breit und 129 m lang. Dank der schräg angeordneten Reparaturgruben konnten zur Zeit der Einweihung bei einem Zweischichtbetrieb bis zu 250 Omnibusse an einem Tag repariert werden. Die Halle ist ein gelungenes Beispiel für die Verbindung von Konstruktion, Funktion und Gestaltung, bei der die einzelnen Aspekte deutlich erkennbar bleiben und trotzdem ein harmonisches Bauwerk bilden.

MW

43 Bahnhof Lichtenberg

Bahnhof Lichtenberg
Weitlingstraße 22
Architekt:
Horst Schubert
Bauzeit:
1978–1982

Ende der 1870er Jahre wurde der Rangierbahnhof Lichtenberg gebaut, der 1881 zu einem Passagierbahnhof wurde. Erst deutlich später, von 1897 bis 1903, wurde nach den Plänen von Karl Cornelius ein Bahnhofsgebäude errichtet. Bereits 1909 kam ein zweiter Bahnsteig und 1930/31 der Übergang zur U-Bahn hinzu. Nachdem in den 1950er Jahren ein dritter Bahnsteig und anschließend noch weitere Umbauten gefolgt waren, entschied man sich in den 1970er Jahren dafür, den Bahnhof neu zu organisieren, das Eingangsgebäude abzureißen und neu zu bauen.

Das heute prägende große Eingangsgebäude an der Weitlingstraße entstand zwischen 1978 und 1982.

Neben der Empfangshalle gab es einen Verwaltungstrakt und Gastronomie sowie eine Rotkreuzstation. Die Wände der großen Halle wurden mit Stahlreliefplatten, buntem Glas und farbigen Keramikplatten verblendet.

Die Inbetriebnahme des neuen Bahnhofs verlief fließend. Ende Februar 1982 zogen während einer Nachtschicht die Bahnmitarbeiter aus dem Zwischengeschoss der U-Bahn in das neue Empfangsgebäude um und setzten dort ihren Dienst umgehend fort. Die Bauarbeiten auch in der großen Halle waren zu diesem Zeitpunkt noch nicht vollständig abgeschlossen. Der neue Bahnhof vereinte drei Fernbahnsteige sowie die S-Bahn und hatte in Ost-Berlin eine große überregionale Bedeutung. MW

U5 – Tierpark und Magdalenenstraße

44

U5 – Tierpark und Magdalenenstraße
Kurze Straße 4
Architekten:
Rainer Rietsch
Walter Krüger
Bernd Stich
Bauzeit:
1982–1985

Die ersten Planungen für eine Linie Richtung Friedrichsfelde begannen bereits 1908. Der Erste Weltkrieg unterbrach jedoch die Überlegungen, und erst in den 1920er Jahren wurden die Pläne wieder aufgegriffen und in veränderter Form fortgeführt. Eine spätere Verlängerung der Linie in Richtung Karlshorst war schon damals Bestandteil der Planungen.

Die Linie U5 (ursprünglich Linie E vom Alexanderplatz nach Friedrichsfelde) wurde letztlich am 21. Dezember 1930 eröffnet. Die Planungen stammten von Alfred Grenander, der jedem Bahnhof eine Kennfarbe zuwies. Der U-Bahnhof Magdalenenstraße erhielt die Kennfarbe Hellgrau, was sich in der aktuellen Gestaltung leider nicht mehr widerspiegelt.

Grenander war Gründungsmitglied des Deutschen Werkbundes, der es sich zum Ziel gesetzt hatte, das deutsche Kunstgewerbe zu stärken. Ab 1908 arbeitete Grenander neben der Lehre für die Hochbahngesellschaft und plante zahlreiche U-Bahnhöfe. Dabei verfolgte er die Gedanken des Werkbundes, eine einheitliche Gestaltung mit sachlicher Eleganz und gut durchdachten Details zu verwirklichen. Das System der Kennfarben wurde noch lange nach Grenander beibehalten. Dafür ist eine deutlich spätere Gestaltung heute sehenswert: Zur 750-Jahr-Feier Berlins wurden die alten Werbetafeln gegen Wandgemälde (300 x 400 cm, Porzellanfarben auf Meißner Kacheln) ausgetauscht. Die Künstler Wolfgang Frankenstein und Hartmut Hornung schufen eine Serie aus 20 Werken mit dem Titel »Geschichte der deutschen Arbei-

Alfred Grenander

Der Architekt Alfred Grenander (26.06.1863–14.07.1931) begann sein Studium in seiner Heimatstadt Stockholm und wechselte 1885 an die Königlich Technische Hochschule in Charlottenburg, die heutige TU Berlin. Er lernte bei Johann Eduard Jacobsthal und arbeitete für Alfred Messel, dessen zukunftsweisende Architektur ihn beeinflusste.

terbewegung«, beginnend mit der Märzrevolution 1848 über beide Weltkriege bis zur Gründung der DDR und zur Bedrohung durch Atomwaffen. Wolfgang Frankenstein (5. Mai 1918–7. März 2013) war Maler und Grafiker. Da er jüdischer Abstammung war, erfuhr er während des Nationalsozialismus ein Studienverbot und das Verbot, künstlerisch tätig zu sein. 1943 erhielt er den Gestellungsbefehl in die Organisation Todt. Auf einen Selbstmordversuch hin wurde er aber in eine Nervenheilanstalt eingeliefert. Nach Kriegsende arbeitete Frankenstein freischaffend und siedelte 1953 in die DDR über. Hier wirkte er später als Professor an der Humboldt-Universität und war Ehrenpräsident der Association des Arts Plastiques in der UNESCO.

Hartmut Hornung (geb. 1952) ist Bildhauer, Grafiker und Maler. Er studierte an der HU Berlin und war Schüler von Frankenstein. Seit 2003 hat er eine Professur an der Westsächsischen Hochschule Zwickau inne.

Die DDR verwirklichte auch die historischen Pläne, die U-Bahn-Linie zu verlängern, wobei nur ein Bahnhof unterirdisch errichtet wurde: Am 25. Juni 1973 wurde die U-Bahn-Station Tierpark eröffnet. Die weitere Verlängerung der Linie erfolgte Ende der 1980er Jahre oberirdisch.

Im U-Bahnhof befindet sich ein großes, farbenfrohes Mosaik der Künstlerin Dagmar Glaser-Lauermann, die den Tierpark und seine Bewohner thematisierte. Dagmar Glaser-Lauermann (geb. 1927) ist schon ihr ganzes Leben lang Malerin. Die gelernte Glasgestalterin studierte angewandte Kunst in Prag und später in Berlin. Sie lebt seit Kriegsende in Berlin und war Meisterschülerin großer Maler. Seit 1954 ist sie freiberuflich tätig und schuf allein oder mit ihrem Mann Frank Glaser verschiedene Bleiglasfenster, Wandgemälde, Fliesenmalereien und Schnittkeramikwandbilder in Berlin und Umgebung.

MW

Schulen
in Lichtenberg **3**

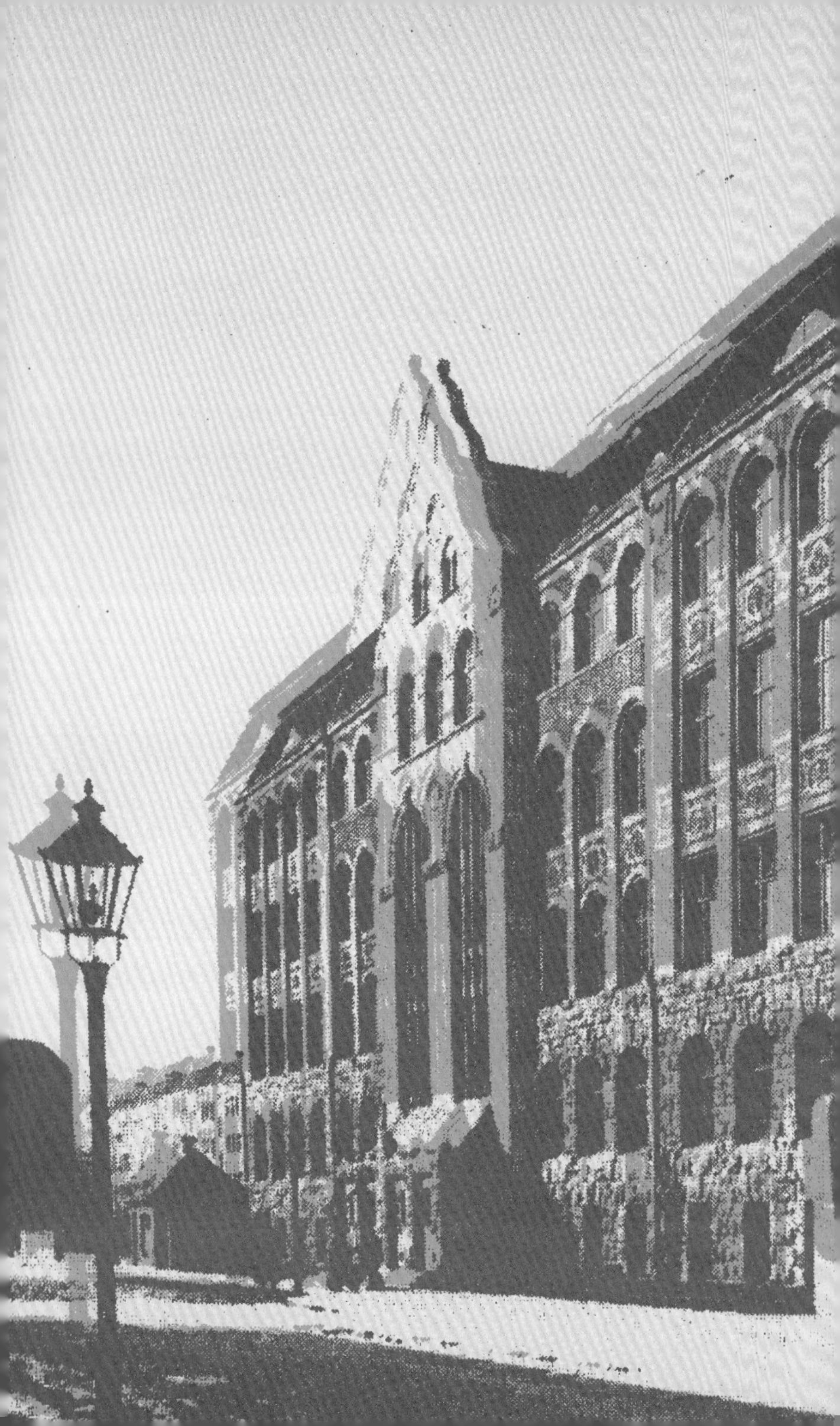

Schulbauten in Lichtenberg
Christine Brecht

Vom spätwilhelminischen Schulpalast bis zur DDR-Typenschule eröffnet sich im Blick auf Schulbauten in Lichtenberg ein weites Feld architektonischer Positionen zwischen Tradition und Moderne, Repräsentation und Funktion. Der Bezirk verfügt über Schulgebäude aus allen Phasen des 20. Jahrhunderts, darunter Reformbauten der Klassischen Moderne von Carl James Bühring und Max Taut, die meisten bis heute als Schulen in Gebrauch. Besonders aufschlussreich ist der historisch gewachsene Bestand für den Schulbau der DDR. Dieser hat in Lichtenberg – angesichts der Bedeutung des Bezirks als Experimentier- und Exerzierfeld des DDR-Wohnungsbaus wenig überraschend – nicht nur viele, sondern auch außerordentlich vielfältige Spuren hinterlassen.

In ihren Grundzügen entspricht die Entwicklung der Lichtenberger Schullandschaft der anderer Land- und Stadtgemeinden, die 1920 zu Stadtbezirken von Berlin wurden und nach 1945 zum Ostteil der Stadt gehörten. Um 1900 entfaltete die expandierende Gemeinde eine rege Bautätigkeit. Mit vier Schulgebäuden ins 20. Jahrhundert gestartet, ließ sie bis 1914 in rascher Folge fünf neue Gemeindeschulen errichten, zumeist als Doppelanstalten mit getrennten Bereichen für Mädchen und Jungen – damals die bevorzugte Baulösung, um möglichst viele Schüler kostengünstig an einem Standort unterzubringen. Hinzu kamen – das Schulwesen des Kaiserreichs trennte nicht nur nach Geschlecht und Konfession, sondern auch nach sozialer Herkunft – ein Lyzeum und ein Gymnasium in Rathausnähe für die Söhne und Töchter des Bürgertums, stattliche Schulpaläste, wie sie damals auch in Rummelsburg und Karlshorst entstanden. Für all diese Schulbauten waren, neben der Ausstattung mit Turnhalle und Aula, auf Hygienewissen basierte Mindeststandards für Lüftung, Heizung und Beleuchtung verbindlich. Doch anders als in den höheren Bildungsanstalten drängten sich in den Gemeindeschulen in einem Klassenzimmer zuweilen bis zu 50 Schüler auf eng gereihten Schulbänken.

Licht, Luft, Sonne: Treppenhaus in Max Tauts Lichtenberger Schulengruppe 1932

Kurze Wege: Typenschule der Baureihe SK Berlin in Wohnanlage am Rosenfelder Ring 1967

Und nur selten gehörten dort Fachunterrichtsräume zum Raumprogramm wie bei der 1912/13 nach Plänen von Carl James Bühring errichteten Gemeindedoppelschule in Hohenschönhausen (heute Obersee-Grundschule), die als Vorplatz-Konzeption zugleich einen Versuch darstellt, städtebaulich neue Wege zu gehen.

Im Berlin der Weimarer Republik avancierten dann die Rationalisierung des Schulbaus und die Demokratisierung des Schulwesens zu zentralen Maximen von Architekten, Stadtplanern und Bildungspolitikern. Martin Wagners Konzept einer »Konzentration mehrerer Schuleinheiten auf einem Bauplatz« beispielsweise zielte darauf, sowohl Kosten zu senken als auch soziale Durchmischung zu fördern. Es sollte an vier Standorten umgesetzt werden. Zur Ausführung gelangte aber nur die Lichtenberger Schulengruppe nach Entwürfen von Max Taut. Mit lichtdurchfluteten Treppenhäusern und einem Festsaal für den Bezirk, der die Schule zur Umgebung hin öffnet, ist sie in jeder Hinsicht beispielhaft für die Architektur des Neuen Bauens.

Das Licht-Luft-Sonne-Credo der 1920er Jahre blieb unter veränderten Vorzeichen auch in der DDR auf der Agenda, nachdem die NS-Zeit im Schulbau insgesamt nur wenige Spuren hinterlassen hat. So wurden neue Schulgebäude in der Regel in Grünanlagen eingepasst und die Klassenzimmer nach Süden ausgerichtet. Doch gingen mit der Ende der 1950er Jahre nach zentralen Vorgaben erfolgten Umstellung auf Typenprojektierung eine nahezu vollständige Reduktion auf Zweckmäßigkeit und ein weitgehender Verzicht auf städtebauliche Akzentsetzung einher. Der Repräsentationsstil der frühen DDR-Architektur, wie er sich am 1957 fertiggestellten heutigen Ardenne-Gymnasium zeigt, kam im Schulbau hingegen nur in wenigen Fällen zum Tragen. Die Ära der knapp kalkulierten Typenschulen, die auch Lichtenberg nachhaltig geprägt haben, begann, als mit der Einführung der allgemeinbildenden Polytechnischen Oberschule die Schulpflicht von acht auf zehn Jahre angehoben wurde. Der daraus resultierende Mehrbedarf konnte aus Sicht der DDR-Planer nur durch serielles Bauen bewältigt werden. Eine der ersten Typenschulen in Ost-Berlin wurde 1958 an der Lisztstraße eröffnet (heute Karlshorster Grundschule), ausgeführt als mittelgroße Variante der Baureihe SVB in Mauerwerk und mit Spitzdach. Weitere Varianten aus dem SVB-Baukasten hat Lichtenberg u. a. am Römerweg in Karlshorst (heute Coppi-Gymnasium) und an der Sewanstraße im ehemaligen Hans-Loch-Viertel (heute »KULTSchule») aufzuweisen. In der zweiten Hälfte der 1960er Jahre hielten mit der Umstellung auf industrielle Bauweise neue Typen Einzug, in Ost-Berlin in Gestalt eines langen, kompakten Stahlbeton-Skelettbaus mit der Bezeichnung »SK Berlin«. Zwischen 1967 und 1983 wurde er in einem Neubaugebiet nach dem anderen aufgestellt, in Lichtenberg an etwa 30 Standorten, mehrere Exemplare allein im Hans-Loch-Viertel, wo 1967 am Rosenfelder Ring eine der ersten Schulen dieses Typs (inzwischen abgerissen) und 1969 die heutige George-Orwell-Schule an der Sewanstraße eröffnet wurde. Auch in Hohenschönhausen wurde der Typ SK Berlin mehrfach gebaut, in den 1980er Jahren zudem Schulen weiterer Baureihen. Nur vereinzelt kamen nach der Umstellung auf Platte und Beton noch Einzelplanungen zum Zuge. Zu dieser seltenen Spezies gehört die von Wolf-Rüdiger Eisentraut projektierte Schule für Körperbehinderte am Rand von Fennpfuhl. Sie wird in diesem Band im Kapitel Innovatives Bauen vorgestellt.

Naturwissenschaften für alle: Fachunterrichtsraum einer SK-Berlin-Schule 1967

45 Obersee-Grundschule

Obersee-Grundschule
Roedernstraße 69-72
Architekt:
Carl James Bühring
Bauschmuck:
Hans Schellhorn
Bauzeit:
1912-1913

Entstanden im Kontext einer Reihe öffentlicher Bauvorhaben der Landgemeinde Hohenschönhausen, kann die ehemalige Gemeindedoppelschule als Reformbau der Klassischen Moderne gelten. Bührings Entwurf lag ein städtebauliches Konzept zugrunde, das eine Kombination von Schule und Kirche zu beiden Seiten einer Grünfläche vorsah. Da die Kirche nicht ausgeführt wurde, ist die angestrebte Vorplatz-Lösung – Grund für die Anordnung der Schule quer zur Straße – unvollendet geblieben.

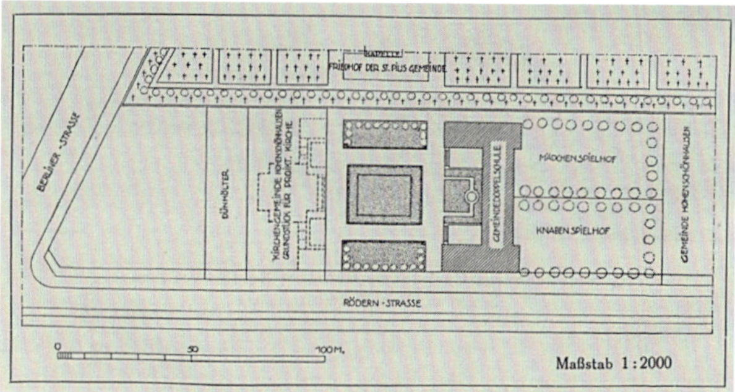

Vorplatz-Konzeption und Geschlechter-Trennung: Bührings Gemeindedoppelschule im Entwurf

Wie im Gemeindeschulwesen üblich, wies die Anlage, deren Vorderfront heute ein Anbau ergänzt, eine Zweiteilung auf: von den weit auseinanderliegenden Eingangsportalen bis hin zum Schulhof. Zwischen Mädchen- und Jungenflügel bildete ein Trakt für Turnhalle, Aula und andere Gemeinschaftsräume, darunter ein Physiksaal, ein zugleich trennendes wie verbindendes Element. Die symmetrisch gegliederte Fassade zeichnet sich durch reichhaltigen Bauschmuck aus, den der Bildhauer Hans Schellhorn aus naturrotem Terrakotta schuf.

Carl James Bühring
(1871-1936)
gilt als Pionier des modernen Städtebaus. Als Gemeindebaurat in Weißensee ab 1906 ist er u. a. durch das kommunale Forum aus Wohnanlage, Schulgebäude und Stadthalle an der Woelckpromenade hervorgetreten.

CB

Karlshorster Grundschule

46

Karlshorster Grundschule
Lisztstraße 6
Architekt unbekannt
Deutsche Bauakademie, Institut für Typung
Bauzeit:
1958

Bei der dreiflügeligen Anlage handelt es sich um einen der ersten Schulneubauten der Typenreihe SVB in Ost-Berlin. Von Chef-Planern als »einfache architektonische Lösung« bezeichnet, markiert diese Reihe den Beginn der Typenprojektierung im DDR-Schulbau. Sie wurde landesweit und in konventioneller Bauweise ausgeführt. In Ost-Berlin entstanden bis 1964 etwa ein Dutzend Neubauten dieses Typs. Stets wurden dabei drei Bauteile – Schulgebäude, Turnhalle und Hortgebäude – kombiniert und durch eingeschossige Zwischentrakte miteinander verbunden. Die Anordnung der Bauteile und die Größe der Schulgebäude waren jedoch variabel.

An der Lisztstraße wurde ein dreigeschossiges Schulgebäude mit seitlich angeordnetem Eingang errichtet. Diese Variante hatte einer Planungsübersicht der Deutschen Bauakademie zufolge die Seriennummer »SVB 621.53« und war für 15 bis 17 Klassen mit insgesamt 600 bis 680 Schülern berechnet. Hinter dem Gebäude sind im Laufe der Zeit Anbauten entstanden, darunter ein Modularer Ergänzungsbau (MEB) jüngeren Datums. Auf der schlichten Fassade mit den zu Dreiergruppen gereihten Fenstern stehen heute in roten Buchstaben die Namen der Kinder, die hier zur Schule gehen. CB

Typenreihe SVB
Die Schulbaureihe kam um 1960 DDR-weit bei Neu- und Anbauten zum Einsatz. Sie basiert auf einem Baukastenprinzip. Je nach Bedarf wurden die Bauteile anders kombiniert. Die Ausführung erfolgte in konventioneller Bauweise.

47 Schule am Rathaus

Schon vor der Eröffnung machte Lichtenbergs höhere Mädchenschule (ab 1912 Cecilien-Lyzeum) von sich reden. Die Zeitschrift »Bauwelt« etwa sprach von einem »sehr repräsentablen und architektonisch mustergültigen Gebäude«. Die Gemeinde, gerade zur Stadt aufgestiegen, wollte mit dem Schulneubau in Rathausnähe Zeichen setzen. Bildungspolitik, Stadtplanung und Bürgerstolz gingen dabei Hand in Hand, sollten doch Rathaus, Lyzeum und die ebenfalls nach Entwürfen Griemes noch zu realisierende höhere Knabenschule an der Parkaue das neue Zentrum von Lichtenberg bilden.

Das Gebäude ist typisch für die Oberschulenarchitektur der um 1900 expandierenden Berliner Umlandgemeinden. Das gilt für die historisierenden Anleihen, hier bei der Renaissance, wie für die Ausführung als freistehender, vielgliedriger Komplex, der sich – von Turnhalle und Aula über Klassenzimmerflügel und Treppenturm bis hin zur Direktorenwohnung – zu einem pittoresken Ensemble fügt. Das zeigt sich aber auch am Bauschmuck, etwa an den Frauenfiguren mit Harfe oder Handarbeiten am Eingangsportal, die im Geist der Entstehungszeit auf den Zweck des Gebäudes als Bildungsanstalt für Mädchen verweisen. Heute beherbergt das ehemalige Cecilien-Lyzeum eine Integrierte Sekundarschule. Der Treppenturm, 1972 durch einen Brand teilweise zerstört, wurde 2009/10 denkmalgerecht saniert. CB

Schule am Rathaus
Rathausstraße 8
Architekt:
Wilhelm Grieme
Bauzeit:
1908-1910

Max-Taut-Schule

48

Max-Taut-Schule
Fischerstraße 36
Architekt:
Max Taut
Bauzeit:
1929–1932, 1934/35

Der Gebäudekomplex mit charakteristischer Parabelform und großer Aula im Zentrum ist ein herausragendes Zeugnis der Architektur des Neuen Bauens. Tauts Entwurf ging als Sieger aus einem Wettbewerb hervor, der die Konzentration mehrerer Schulen (Berufsschule, Volks- und Mittelschule, Oberlyzeum) auf dem zuvor unerschlossenen Areal vorsah. Er überzeugte als Ensemble untereinander verbundener Gebäude mit gemeinsamen Freiflächen und Fachräumen, das auch städtebauliche Akzente zu setzen vermochte.

Zusammengehalten wird der Komplex durch das markante Mittelstück in Form einer Ellipse, in deren Achse der Aula-Bau – konzipiert als Festsaal für den Bezirk mit über 1.000 Plätzen – eingelassen ist, der die Schulengruppe formal wie funktional zur Stadt hin öffnet. Nach einer wechselvollen Bau- und Nutzungsgeschichte beherbergt sie inzwischen ein berufsbildendes Oberstufenzentrum. Die Aula, nach 1945 lange Ruine geblieben, wurde nach umfassender Sanierung 2007 wieder eröffnet. CB

Max Taut
(1884–1967)
trat als Protagonist des Neuen Bauens für eine zugleich moderne wie soziale Architektur ein. In Berlin entstanden nach seinen Plänen in den 1920er Jahren auch das Dorotheen-Lyzeum in Köpenick sowie Bürobauten für Gewerkschaftsbund und Buchdruckerverband. 1933 wurde er von öffentlichen Aufträgen ausgeschlossen.

49 Hans-und-Hilde-Coppi-Gymnasium

Hans-und-Hilde-Coppi-Gymnasium
Römerweg 30–32
Architekt:
Friedrich Hennings
(Altbau)
Bauzeit:
1935–1937,
erweitert 1962/63

Friedrich Hennings *(geb. 1872) war ca. ab 1900 in Berlin als Architekt tätig. Er entwarf u. a. das Arndt-Gymnasium in Berlin-Dahlem (1907/08, zusammen mit seinem Bruder Wilhelm) und das Strandbad Müggelsee (1929/30, zusammen mit Martin Wagner).*

Auf dem Schulgelände am Römerweg in Karlshorst fügen sich Bauten aus drei Epochen zu einem heterogenen Ensemble zusammen: ein Mobilbau von 1994, ein Erweiterungsbau aus den 1960ern und ein Altbau aus den 1930er Jahren, dessen Turnhalle jüngst abgebrannt ist. Der Bau einer neuen Sporthalle begann im April 2016.

Der Altbau, im Oktober 1937 als Volksschule eröffnet, ist beispielhaft für das im NS-Kontext verfolgte, in Berlin aber nur wenige Male realisierte Konzept der Stadtrandschule im Heimatstil. Das zweigeschossige Gebäude mit obligatorischem Spitzdach weist Rundfenster an den Giebeln, eine Erkerachse zum Hof und einen Portalvorbau auf, den – als weißes Tondo-Relief ausgeführt – ein Mädchenkopf mit bäuerlicher Flechtfrisur ziert.

Der Erweiterungsbau, ebenfalls mit Spitzdächern versehen, lässt sich der in der DDR Ende der 1950er Jahre aufgelegten Typenreihe SVB zuordnen. Er besteht aus einem langen, zweigeschossigen Klassenzimmergebäude mit eingeschossigem Verbindungstrakt zum Altbau. An dieser Nahtstelle befindet sich das Eingangsportal. Einen Kontrast zum Rundbild am Altbau setzt dort ein Mosaik aus schwarzen Quadraten mit Darstellungen von Musik-, Sport- und Handwerksgerät. CB

Mildred-Harnack-Schule

50

Mildred-Harnack-Schule
Schulze-Boysen-Str. 20,
Architekt:
Hans Schütte
Bauzeit:
1904/05

Um 1900 gehörte die Gemeindedoppelschule in den rasch anwachsenden Berliner Umlandgemeinden zu den bevorzugten Schulbaulösungen. Auch Lichtenberg wählte diese Variante nicht zum ersten Mal, als an der Pfarrstraße, wie die Nord-Süd-Verbindung damals in gesamter Länge hieß, ein neues großes Schulgebäude entstand. Ebenso zeitgemäß, zumal für eine Landgemeinde, die im Begriff war, sich zur Stadt zu wandeln, war die Ausführung als Blockrandbau, wenn auch in noch kaum bebauter Umgebung.

Sie erfolgte innerhalb von zwei Jahren nach Plänen Hans Schüttes, seit 1901 Lichtenberger Gemeindebaurat und verantwortlich auch für die stilistisch verwandte Feuerwache in der Rathausstraße. Er entwarf einen Komplex aus viergeschossigem Hauptgebäude mit angeschlossenem zweigeschossigen Turnhallen- und Aula-Bau. Hinter der axial gegliederten Jugendstilfassade des Hauptgebäudes, die im Sockel Rustika-Mauerwerk aufweist, sollen 32 Klassenzimmer Platz gefunden haben. Wie bei solchen Doppelanstalten üblich, waren sie auf einen Mädchen- und einen Jungenflügel verteilt, die auch verwaltungstechnisch getrennte Einheiten bildeten. Eröffnet im April 1905 als 8. und 9. Gemeindeschule, beherbergt das Gebäude – als einer der wenigen Altbauten inmitten von Wohnhochhäusern aus DDR-Zeiten – heute eine Integrierte Sekundarschule.
CB

51 George-Orwell-Schule

George-Orwell-Schule
Sewanstraße 223
Architekten:
Gerhard Hölke
und Wolfgang Radke
Bauzeit:
1969

Gerhard Hölke und Wolfgang Radke
Die Architekten entwarfen die Typenreihe SK Berlin als Mitarbeiter der Planungsgruppe VEB Berlin-Projekt. Beide waren darüber hinaus an zahlreichen Ost-Berliner Großbauprojekten der 1960er bis 1980er Jahre beteiligt.

Der Stahlbeton-Skelettbau der Typenreihe SK Berlin mit separater Turnhalle, der heute eine Integrierte Sekundarschule beherbergt, ist ein Zeugnis industriellen Bauens. Von 1967 bis 1983 wurden Schulen dieses Typs in Ost-Berlin buchstäblich in Serie produziert, rund 30-mal allein in Lichtenberg. Das inzwischen in gelb-rot-blauen Bauhaus-Farben gestrichene Exemplar von 1969 ist in eine etwa zeitgleich entstandene Wohnanlage im ehemaligen Hans-Loch-Viertel eingebettet.

Der industriellen Bauweise entspricht die Formensprache moderner Funktionsarchitektur. Den langen, kompakten Baukörper gliedern horizontale Fenster- und Brüstungsbänder, unterbrochen nur von zwei Treppenhäusern, die das viergeschossige Gebäude erschließen. Die Klassenzimmer sind nach Süden ausgerichtet, ebenso wie die große Freitreppe am Haupteingang. Sie führt in diesem Fall, was eher untypisch ist, zum Hof. Dadurch wird die Rückfront mit dem blau abgesetzten Treppenhausvorbau zur Schauseite. Aus einem Erdgeschossfenster nimmt dort ein Orwell-Poster die Passanten in den Blick.
CB

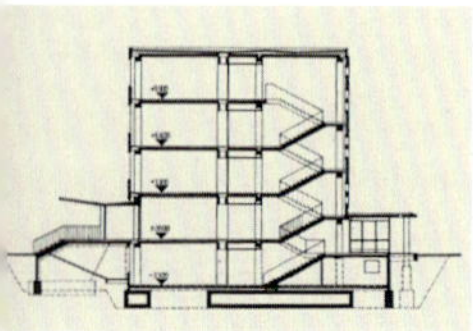

Hochschule für Technik und Wirtschaft Berlin

52

Hochschule für Technik und Wirtschaft Berlin, Campus Treskowallee
Treskowallee 8
Architekt (Altbauten): Ernst Goger
Bauzeit (Altbauten): 1913/14, 1919/20

Die ältesten Bauten auf dem HTW-Campus entstanden zu Beginn des 20. Jahrhunderts als Domizil für die höheren Lehranstalten von Karlshorst. Sie bilden einen verwinkelten Komplex, der mit seinen straßenseitigen Fassaden das Stadtbild bestimmt. Im Stil des Neoklassizismus mit Reliefbildern und allegorischen Figuren geschmückt, geben sie sich auf den ersten Blick als Bildungsstätten des (späten) wilhelminischen Zeitalters zu erkennen. Dass hier Schülerinnen und Schüler gleichsam unter einem Dach, wenn auch nicht gemeinsam, unterrichtet wurden, war damals im höheren Schulwesen ein Novum.

In noch unbebauter Umgebung ließ die Landgemeinde Friedrichsfelde zunächst das dreigeschossige Gebäude mit Walmdach samt Turm an der Treskowallee errichten. Realgymnasium und Lyzeum, zuvor provisorisch in Gemeindeschulräumen untergebracht, zogen im April 1914 ein. 1920 wurde der Gebäudetrakt an der Ecke Treskowallee/Römerweg fertiggestellt, der fortan das Lyzeum beherbergte.

1945 mussten beide Schulen der Sowjetischen Militäradministration weichen. Ab 1950 folgte die Umwandlung zum Standort der Hochschule für Ökonomie mit Erweiterung des Areals und Errichtung zusätzlicher Gebäude, darunter ein großer Audimax-und Mensa-Bau (um 1955), der exemplarisch die Repräsentationsarchitektur der frühen DDR bezeugt.
CB

53 Manfred-von-Ardenne-Gymnasium

Manfred-von-Ardenne-Gymnasium
Werneuchener Str. 27/28
Architekt:
Lothar Seyfarth,
Entwurfsbüro
für Hochbau II Berlin
Bauschmuck:
Gottfried Richter
und Erwin Weiß
Bauzeit: 1955–1957

Das dreigeschossige Gebäude mit der rosa Fassade – die lange Schauseite der Werneuchener Straße zugewandt, die beiden Seitenflügel den Pausenhof einfassend – stammt aus der ersten Phase des DDR-Schulbaus. Für kurze Zeit kam damals auch im Schulbau der Repräsentationsstil zum Tragen, der zur Abgrenzung gegenüber der westlichen Architekturmoderne in der frühen DDR gefordert war.

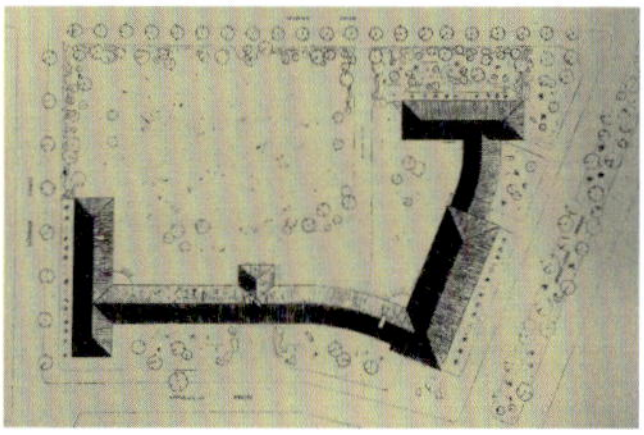

Von einem volkseigenen Entwurfsbüro konzipiert und als 20-Klassen-Schule ausgeführt, unterscheidet sich dieses Schulgebäude entsprechend deutlich von späteren Serienprodukten. Das zeigt sich etwa am leicht geschwungenen Grundriss und an der Ausstattung mit großer Aula samt Bühne und Garderobe.

Auftragskunst im Stil des sozialistischen Realismus vervollständigt das repräsentative Erscheinungsbild. Die beiden an der Fassade angebrachten Sgraffito-Arbeiten haben renommierte Künstler beigesteuert: Gottfried Richter gestaltete ein großes Wandbild, das Lehrer und Schüler zu vier Paaren arrangiert, Erwin Weiß eine Sonnenuhr mit stilisiertem Hahn. CB

Kulturbauten in Lichtenberg 4

Kulturbauten
Dirk Moldt

Sitzungssaal des Kulturhauses Siemens-Plania 1951

Kulturbauten dienen der Ausübung und der Rezeption von Kultur und Kunst, ob als Galerien, Konzerthäuser, Theater oder Lichtspielhäuser. Waren Einrichtungen wie Kuriositätenkabinette, Theater- und Konzerthäuser ursprünglich besser Gebildeten und Wohlhabenden vorbehalten, so änderte sich dies, als »das Volk« als Begründung und Ziel politischen Handelns und als zu beeinflussendes Objekt entdeckt wurde. Dabei spielte natürlich auch das gestiegene Selbstwertgefühl werktätiger Milieus infolge des Erstarkens der sozialistischen Bewegungen eine wichtige Rolle. Öffentliche Volkshäuser mit Bibliotheken, Musik-, Fest- und Vortragssälen entstanden um 1900 in städtischen Kommunen als repräsentative Gebäude und erfreuten sich intensiver Nutzung. Spätestens nach Abschaffung der hoheitlichen Theaterkonzession infolge der Revolution von 1848 trat eine Popularisierung der Bühnen ein, was zur Errichtung von kommerziellen Theatern und Varietébühnen führte. Nachhaltige Einflüsse in der Theater-Architektur vollzogen sich jedoch erst mit der Einrichtung »demokratischer« Zuschauersäle ohne Logen, wie sie von der Volksbühnen-Bewegung propagiert wurden.

Sowohl während der NS-Diktatur als auch in der Zeit der SED-Herrschaft diente die Einrichtung und Förderung zahlreicher Kulturinstitutionen einer doppelt angelegten Propaganda: Man zeigte sich als großzügige Förderer und begünstigte zugleich einseitig die eigenen politischen und kulturellen Wertvorstellungen. Nicht genehme Kulturinstitute gerieten dagegen unter Druck und wurden geschlossen. Die Architektur von Kulturhäusern in dieser Zeit war von den jeweiligen Etappen der Moderne geprägt.

Bei Verleihung des Stadtrechts 1907 verfügte Lichtenberg für seine etwa 70.000 Einwohner über keinerlei Kulturbauten, abgesehen von der öffentlichen Bibliothek mit Lesesaal in der Marktstraße 9. Festakte und andere öffentliche Versammlungen konnten im Ratssaal oder in Schulaulen stattfinden. So wurden bis zur Fertigstellung der Glaubenskirche am Roedeliusplatz Sonntagsgottesdienste in der Aula der Gemeindeschule Siegfriedstraße 208 gefeiert. Während des Umbaus des Ratssaals anlässlich des Beitritts von Boxhagen-Rummelsburg zu Lichtenberg diente die Aula des Cecilien-Lyzeums in der Rathausstraße für Sitzungen der Stadtverordneten und des Rats. Feierlichkeiten wurden auch in Festsälen von Lokalen wie dem »Schwarzen Adler« in der Frankfurter Allee veranstaltet. Hier wurde im Jahr 1914 das erste Lichtspielhaus der Stadt eingerichtet. In den über hundert Jahren Kinogeschichte befanden sich auf dem heutigen Bezirksgebiet nicht weniger als 24 Kinos, von denen heute als einziges der 1998 errichtete, lieblos und am Massenbetrieb orientiert wirkende Multiplex-Zweckbau in der Wartenberger Straße besteht.

Nicht realisiertes Kulturhausprojekt für das Wohngebiet Fennpfuhl

Die ersten ausschließlich als Kulturorte vorgesehenen Gebäude gehen auf Befehle der Sowjetischen Militäradministration zurück. Diese wies 1948 den Magistrat an, das Gymnasium an der Parkaue als Kulturstätte neu zu eröffnen. Zeitgleich entstand 1948/49 das für die SMAD gebaute »Haus der Offiziere« in der Karlshorster Stolzenfelsstraße. 1951 folgte das Kulturhaus des Betriebs Siemens-Plania in der Herzbergstraße, später VEB Elektrokohle, der bis Januar 1954 unter sowjetischer Verwaltung stand.

Neue Jugendklubs, wie dieser »Jugendklub am Tierpark«, Alt-Friedrichsfelde 70 wurden oft in Mehrzweckgebäuden, den sogenannten Dienstleistungswürfeln untergebracht.

Das Gelände des 1955 eröffneten Berliner Tierparks bot Raum für architektonisch interessante Gebäude, wie das von Heinz Graffunder bis 1963 errichtete Alfred-Brehm-Raubtierhaus. Nicht mehr zur Ausführung gelangte das 1986 projektierte »Kulticeum«, das mit Kino, Festsaal samt Bühne und Clubräumen zusammen mit Bibliothek, Schwimmhalle und Handelszentrum an der Falkenberger Chaussee ein städtebaulicher Mittelpunkt des damaligen Bezirks Hohenschönhausen werden sollte. Nach 1990 kam es zu einem beträchtlichen Subventionsabbau und damit zur Schließung von zahlreichen Kultureinrichtungen im Bezirk, ganz besonders von Kinos.

Bemerkenswert ist jedoch der 2005 von Sedina Buddensieg und Gerd Ockert gestaltete Neubau des soziokulturellen Nachbarschaftszentrums »Kiezspinne« in der Schulze-Boysen-Straße. Das zweigeschossige Gebäude mit ovalem Grundriss inmitten üppigen Grüns akzentuiert die benachbarten Wohnblöcke farbenfroh und lebendig. Anders dagegen spielten ästhetische Gesichtspunkte bei der Errichtung des Kulturhauses Karlshorst 2012 deutlich erkennbar eine nur sekundäre Rolle.

Stadtteilzentrum Kiezspinne

54 Alfred-Brehm-Haus

Alfred-Brehm-Haus
Berliner Tierpark
Am Tierpark 39/41
Architekten:
Heinz Graffunder
und Lothar Köhler
Bauzeit:
1956–1963

Die Grundsteinlegung für den Berliner Tierpark erfolgte 1954 auf dem Gelände des Schlossparks Friedrichsfelde, und bereits 1955 konnten die ersten »Bewohner« einziehen. Mit der Eröffnung des Alfred-Brehm-Hauses 1963 wurde der Park um eine bauliche Attraktion reicher.

Das 1963 eröffnete Alfred-Brehm-Haus für Raubtiere, im Tierpark Berlin des Berliner Architekten Heinz Graffunda (1926-1994)

Nach Plänen von Heinz Graffunder entstand das damals größte und modernste Raubtierhaus Europas, ein Skelettbau aus Stahl, Beton und Naturstein mit einer großzügigen, fast 16 m hohen Tropenhalle im Innern, Felsenanlagen für Raubkatzen an den Stirnseiten sowie weiteren, Innen- und Außenraum vereinenden Anlagen. Das Ensemble, das seit 1995 unter Denkmalschutz steht, wird gegenwärtig nach modernen, tiergerechten Maßstäben umgestaltet. NK

Theater Karlshorst / Schostakowitsch-Musikschule

55

Der erste Deutschlandweit Theaterneubau nach 1945 entstand auf Befehl der Sowjetischen Militäradministration als Reparationsleistung innerhalb des sowjetischen Sperrgebiets an der Treskowallee. Das »Haus der Offiziere«, wie es ursprünglich genannt wurde, ein neoklassizistischer Bau mit 600 Plätzen, war zunächst der Roten Armee vorbehalten.

Nach der Aufhebung des Sperrgebiets rund um die Treskowallee konnte die im Volksmund so genannte »Russenoper« ab 1964 auch von der deutschen Bevölkerung besucht werden. Unter verschiedenen Namen wurde der Theaterbetrieb noch bis 2007 aufrechterhalten. Nach der Sanierung wurden Teile des Gebäudes an die Schostakowitsch-Musikschule übergeben. Der verwaiste Saal wartet jedoch noch auf Publikum.

NK

Theater Karlshorst / Musikschule Schostakowitsch

Stolzenfelsstraße 1
Ehrenfelsstraße 2/3
Architekt:
Hans Schaefers
Bauzeit:
1948/49

56 Junges Staatstheater an der Parkaue

Junges Staatstheater an der Parkaue
Parkaue 29
Architekten:
Johannes Uhlig
und Wilhelm Grieme
Bauzeit:
1910/11

Als höhere Knabenschule (Realschule und -gymnasium) auf dem ehemaligen Dotti'schen Gelände errichtet, zeigt der Bau Anklänge an die Moderne. Im Zweiten Weltkrieg weitgehend unzerstört, wurde er mehrfach überbaut. Markant ist die repräsentative Kombination aus Uhrenturm mit Haube, vorgestelltem Giebel und säulenbewehrtem Eingangsbereich zu einem offenen Rasenplatz.

Auf einen Befehl der Sowjetischen Militäradministration hin ließ der Magistrat ab 1948 den Bauhaus-Schüler Waldemar Alder mit Waldemar Heinrichs unter Verwendung hochwertiger Raumausstattung aus den Deutschen Werkstätten Hellerau ein Kulturhaus gestalten, das am 2. Mai 1949 als »Haus der Kultur der Sowjetunion, Filiale für Kinder« eröffnet wurde.

Am 25. Mai 1950 der deutschen Zivilverwaltung übergeben, führte es später die Namen »Pionierhaus German Titow« und »Theater der Freundschaft«.

Nach 1990 wurde das Angebot reduziert, 2001 schloss das Jugendzentrum. Das Theater hingegen hielt sich, zunächst als »carrousel Theater«, und blieb eine feste Größe in der Berliner Theaterlandschaft. NK

Sportbauten in Lichtenberg 5

Sportbauten
Christian Wolter

Der moderne, uns heute vertraute Sport kam aus England und breitete sich von dort über die ganze Welt aus. Anders als auf den Britischen Inseln waren frühere Formen des Sports in Deutschland vor allem Angelegenheiten des Adels. Zu ritterlichen Turnieren, der hohen Jagd, dem Fechten und dem Herrensport zu Pferde und zu Wasser waren niedere Stände lange Zeit nur als Dienstkräfte und Zuschauer zugelassen. Stadtbevölkerungen sammelten sich schon vor Jahrhunderten in Schützenzünften, nicht nur, um die Stadt zu verteidigen, sondern auch, um vergnügliche Preis-Wettschießen abzuhalten. Mit der frühen Neuzeit kam ein dem Tennis ähnelndes Ballspiel in Mode, das in speziellen Ballhäusern gepflegt wurde. Allen Schichten bekannt und vertraut war der Tanz.

Die erste speziell deutsche Form der Körperertüchtigung entwickelte sich ab 1807 durch Friedrich Ludwig Jahn. Dem von ihm begründeten Turnwesen gelang in der zweiten Hälfte des 19. Jahrhunderts der Durchbruch zur Massenbewegung und zum verbindlichen Schulfach. In der 1868 gegründeten Deutschen Turnerschaft waren schon vor 1900 über eine Million Turner organisiert.

Fußballplatz Lückstraße

Ebenfalls schon vor der Jahrhundertwende breiteten sich der Pferde- und der Radrennsport aus, beide zunächst vor allem als Zuschauersport, Letzterer infolge der Erfindung und Massenproduktion des Niederrades auch als Massensport. Etwa zeitgleich manifestierte sich der Wassersport in Badeanstalten sowie ersten Schwimm- und Rudervereinen. Der Fußball entwickelte sich zunächst langsam, seit der Gründung des DFB aber immer schneller und wurde bereits vor dem Ersten Weltkrieg zu einem weiteren Massenphänomen.

Grundlage dieser sportlichen Entwicklungen war die Industrialisierung. Die Einführung der Eisenbahn ermöglichte erstmals den schnellen und massenhaften Transport von Gü-

238

Sonntag, 8. August, im Lichtenberger Stadion **Sportfest** des Arbeiter-Sportkartells Lichtenberg und Umgegend

15. August im Stadion sich gegenüber **Sp. K. Berolina-Neukölln** gegen **T. u. Sp. V.-Alt-Glienicke**, mit je einer vollen Mannschaft im Ringen. **Im 1. Gang ringen:** Richard Kowalski—Robert Eckert; Karl Dudo—Albert Schröder, Ernst Hennig—Otto Kaschinski, Heinrich Dudo—Hermann Ulbrich, Ernst Rudolf—Max Wolff, Max Günther—Paul Bering, R. Fengler—Walter Riehe, R. Adameh—Paul Feigentreu, Ernst Werth—Otto Zyganow, Karl Lucht—Ernst Bleffin. — **Im 2. Gang ringen:** Karl Dudo—Robert Eckert, Richard Kowalski—Albert Schröder, Heinrich Dudo—Otto Kaschinski, Ernst Hennig—Hermann Ulbrich, Max Günther—Max Wolff, Ernst Rudolf—Paul Bering, R. Adameh—Walter Riehe, R. Fengler—Paul Feigentreu, Karl Lucht—Otto Zyganow, Ernst Werth—Ernst Bleffin.

Die Wertung geschieht nach Punkten, und zwar Sieg 1 Punkt, Unentschieden ½ Punkt, Niederlage 0 Punkte. Das Kampfgericht wird

Die werten Vereine werden gebeten, geeignete Sportgenossen, welche das Amt eines Kampfrichters annehmen wollen, der Technischen Kommission zu melden. Technische Kommission.

Resultate der 5. Klasse (Federgewicht) vom Bundesfest im Stadion am 18. Juli 1920, welche erst am 29. Juli in der Turnhalle der V. Sp. V. Nord-West zu Ende geführt werden konnten, da wegen der großen Teilnehmerzahl am 18. Juli im Stadion wegen Dunkelheit abgebrochen werden mußte. Es ist ein trauriges Zeichen, daß von 2200 Kollegen in Berlin nur 100 Kollegen anwesend waren, trotzdem es im „Arbeiter-Sport" und in der „Freiheit" schon drei Tage vorher bekanntgegeben wurde. Also: es hat sich wieder einmal die Interesselosigkeit deutlich gezeigt. S. gleich Sieg, U. gleich Unentschieden, N. gleich Niederlage. 1. Richard Schinkowski V. Sp. V. Nord-West

Ankündigung zu einem Arbeitersport-Fest im kurz zuvor eröffneten Lichtenberger Stadion in der »Arbeiter-Sport - Wochenschrift zur Förderung der Sportbewegung in Arbeiterkreisen – Mitteilungsblatt des Kartell-Verbandes Groß-Berlin« 1920.

tern und Personen. Es entstanden Ballungszentren, deren große bürgerliche und proletarische Schichten Interesse an preiswerter Unterhaltung und Freizeitgestaltung hatten. Der Aufbau von Industrie und Handel mit dem Ausland stärkte den kulturellen Austausch mit Großbritannien und anderen Ländern. So waren es vielerorts britische Handlungsreisende, die den Mannschaftssport und die Leichtathletik bekannt machten und, wie in Dresden und Berlin, auch die ersten Vereine gründeten.

Nicht viel anders verlief die Entwicklung im heutigen Bezirk Lichtenberg. Die wichtigsten Turnvereine schufen schon zu Kaiserzeiten eigene Plätze und repräsentative Hallen. An der Rummelsburger Bucht und an der Spree entstanden erste Badeanstalten. Seit 1894 ist die Karlshorster Pferderennbahn in Betrieb. Um 1900 wurden die ersten Fußballvereine auf Lichtenberger Boden aktiv (Lichtenberger SC 01, Wacker 05 u. a.). Auf der damaligen Feldflur und in Baulücken richteten sich die hiesigen Fußballpioniere ein. Das 1907 zur Stadt erhobene Lichtenberg trug dieser Entwicklung mit dem Bau kommunaler Sportplätze, Schwimmbäder und Sporthallen Rechnung. Viele dieser Einrichtungen sind inzwischen auch architektonische und sozialgeschichtliche Denkmale, damit erhaltenswert, identitäts- und gemeinschaftsstiftend. Der Bezirk Lichtenberg hat einige derartige Baudenkmale vorzuweisen, die im Folgenden näher vorgestellt werden.

Das Emblem des Arbeiter-Turn- und Sportbundes ab 1919. Aus dem Wahlspruch von Turnvater Friedrich Ludwig Jahn »Frisch, fromm, fröhlich, frei« machte die Arbeiterturnbewegung »Frisch, frei, stark, treu«.

Zum besseren Verständnis sei noch erwähnt, dass es, anders als heute, bis in die 1930er Jahre hinein keine einheitliche Gesamtsportbewegung gab, sondern stattdessen eine Zersplitterung in mehr oder weniger unpolitische, politische und auch konfessionelle Sportverbände. Diese trugen eigene Meisterschaften aus, traten nicht verbandsübergreifend gegeneinander an und bekämpften sich auch teilweise gegenseitig. In der Arbeiterstadt Lichtenberg war naturgemäß der Arbeitersport besonders stark auf Sportplätzen und in Turnhallen vertreten. Und auch die bedeutenden Vereine Sparta Lichtenberg, Lichtenberg 47 und Berolina Stralau wurzeln in dieser Bewegung.

Stadion Lichtenberg

57

Stadion Lichtenberg
Siegfriedstraße 71
10365 Berlin-Lichtenberg
Bauherr: Stadt
bzw. Bezirk Lichtenberg
Architekt:
Stadtbaurat Rudolf Gleye
Baubeschluss:
13. Juli 1913
Baubeginn:
Herbst 1914

Die ersten Erdarbeiten setzten noch nach Kriegsbeginn ein, kamen aber bald zum Erliegen. Im Frühjahr 1919 begann die Fertigstellung im Rahmen von als Notstandsarbeiten. Durch die Umsetzung der Originalpläne erhielt die Tribüne spätkaiserzeitlichen Zierrat, angelehnt auch an die Ausschmückung des Deutschen Stadions (Vorgängerbau des Olympias-Stadions). Die Eröffnung am 25. Juli 1920 organisierte das Arbeitersport-Kartell, die Festrede hielt Bezirksbürgermeister Oskar Ziethen. Die Kampfbahn wies 700 überdachte Tribünensitze und ca. 8.000 Stehplätze auf, ein Hauptspielfeld mit 400-m-Laufbahn und weiteren leichtathletischen Anlagen sowie Nebenplätze, u. a. für Tennis. Am 21. August 1920 fand hier der erste Versuch statt, Profifußball in Deutschland zu etablieren; allerdings scheiterte das Unternehmen am Widerstand der etablierten Amateur-Sportverbände und endete im Bankrott. Besondere sportliche wie politische Bedeutung kam dem Stadion wegen zahlreicher Veranstaltungen der hiesigen Arbeiterbewegung zu. Am 21. Mai 1923 fand hier eine erste Kundgebung des Roten Frontkämpfer-Bundes statt. Die angeblich 40.000 Teilnehmer überstiegen die offizielle Stadionkapazität ebenso um ein Mehrfaches, wie die kolportierten 25.000 Besucher des ersten deutsch-sowjetischen Sporttreffens am 9. September 1923, bei dem elf Berliner Arbeiterfußballer der Auswahl Sowjetrusslands 0:6 unterlagen.

Bis 1933 fanden hier regelmäßig große Arbeiter-Sportfeste sowie Entscheidungs- und Auswahlspiele von Berliner Arbeiterfußballern statt. Das Rasenfeld mit seinem sandigen Untergrund war zudem noch nach längerem Regen bespielbar, wenn sich die sonst meist lehm- und schlackebedeckten Lichtenberger Spielfelder längst in Morast aufgelöst hatten. 1936 diente das Stadion als olympische Trainingsstätte. Verschont von größeren Kriegsschäden, rollte hier bereits am 20. Mai 1945 erstmals wieder der Ball. Mündlichen Überlieferungen nach traten dabei Sowjetsoldaten gegen ehemalige Zwangsarbeiter an. Um 1952 wurde das Stadion etwa 100 m weiter nördlich, leider ohne Tribüne, dafür aber mit geschlossenem Wall, neu errichtet und der so gewonnene Platz mit einem weiteren Spielfeld und Zuschauerstufen versehen.

Bis 1973 diente das Oval der BSG Chemie (heute TSV Lichtenberg) als Heimstätte, dann als FDJ-Zeltlager für Jugendliche und Studenten. Nach der Wende verwilderte die Anlage, ehe ab 2004 die Umgestaltung zum Landschaftspark Herzberge erfolgte. Dieser weist zur Veranschaulichung der geschichtlichen Ortsbedeutung noch den Stadionwall auf, auch wenn das berühmte »Russenspiel« von 1923 einige Meter weiter südlich davon ausgetragen wurde. CW

Flussbadeanstalt Lichtenberg

58

Flussbadeanstalt Lichtenberg
Köpenicker Chaussee 1-4,
Bauherr:
Bezirk Lichtenberg
Architekt:
Rudolf Gleye
Entwurf: 1925
Baubeginn:
November 1925
Eröffnung:
21. Mai 1927

Sie galt einst als die größte und modernste Flussbadeanstalt Europas. Die Badesaison dauerte dank angewärmten Kühlwassers aus dem Kraftwerk Klingenberg von Anfang Mai bis Ende September. Auf 50.000 qm waren zentral das Planschbecken (1.400 qm) und längs der Spree ein Schulbassin (25 x 50 m), das Warmbecken (25 x 40 m) und dazwischen das Sportbecken (25 x 100 m) mit 10-m-Turm angeordnet. Ostseesand bedeckte die großzügige Zwischenfläche, auf der einige Bäume Schatten spendeten. 425.000 Besucher kamen allein in der Eröffnungssaison. An heißen Tagen zählte man bis zu 10.000 Badegäste.

Literarisch verewigt ist das Bad in John Staves Buch »Stube und Küche«. Die Bombardierungen der nahen Industrieansiedlungen beschädigten auch das Schwimmbad, so dass es in den letzten Kriegsjahren schließen musste. 1945 öffnete es wieder, allerdings ohne umfassende Reparaturen, außerdem demontierten die Anwohner alle Holzteile und verwendeten sie als Heizmaterial. Der Bezirk schloss es das Bad 1953 endgültigen und verkaufte es der DDR-Regierung. Bis 1990 war hier der DDR-Zoll ansässig, danach bis 2002 der Bundeszoll. Erhalten geblieben und heute denkmalgeschützt sind das Wärterhaus, der Kühlwasserauslauf und das 1958 ohne Obergeschoss wiedererrichtete Restaurantgebäude. Erkennbar ist auch noch der runde Vorplatz. CW

59

Stadtbad Lichtenberg (Hubertusbad)

Stadtbad Lichtenberg
Hubertusstraße 47-49,
Bauherr:
Bezirk Lichtenberg,
Architekten:
Rudolf Gleye, Otto Weiß,
Johann Uhlig
Entwurf: um 1915,
Aktualisierung 1925,

Die vier »Springer« (startende Schwimmer) an der Fassade sind Arbeiten von Ludwig Isenbeck, die Foyer-Plastik »Ruhendes Mädchen« schuf 1919 Karl Trumpf. Geschwungene Treppen mit gusseisernen Geländern, expressionistisch wie aller Zierrat hier, erschließen die Etagen. Die Fliesen sind in Türkis- und Brauntönen gehalten. Gemäß der ursprünglich konzipiertenr Geschlechtertrennung gibt es zwei Hauptbassins, ferner Bade- und Duschseparees, Umkleiden, Sauna-, Gymnastik- und Massageräume und sowie ein Sonnendeck. Mit Umwälzpumpen wurde das Beckenwasser innerhalb von zehn Stunden komplett gereinigt. Im Krieg beschädigte eine Bombe die Nordwestseite, ließ aber den weiteren Betrieb zu.

Nach notdürftiger Reparatur erlaubten die Sowjets am 25. Juni 1945 wieder Wannen- und Duschbäder. Ab 1948 trainierte hier die BSG Medizin Lichtenberg, später auch der SC Dynamo. Zum Schwimmunterricht kamen die Kinder mangels anderer Örtlichkeiten bis aus Köpenick. Infolge des Baus neuer Schwimmhallen in den Neubaugebieten und technischer Probleme verlor das Hubertusbad an Bedeutung. 1991 führte der Ausfall der Hauptwasserzuführung zur Schließung. Seitdem blieben alle Bemühungen um eine Sanierung und Neueröffnung vergebens. 2001 ging das Bad an den Liegenschaftsfonds, was am Leerstand dieses Kleinods bisher nichts änderte. CW

HOWOGE-Arena »Hans Zoschke« (ehem. Hans-Zoschke-Stadion)

60

HOWOGE-Arena »Hans Zoschke«
Ruschestraße 23
Erbaut: 1949–1952
Eröffnet: 14.09.1952, heutiges Funktionsgebäude von 1991/92

Das Stadion ist Heimstätte des SV Lichtenberg 47. Es hat eine Kapazität von 9.900 Plätzen, davon 900 Sitzplätze.

Auf früherem Gartenland eröffnete der Lichtenberger BC 09 im Frühjahr 1926 seinen Platz, den nach dem Krieg die SG Lichtenberg-Nord übernahm. Im Zuge des Nationalen Aufbauwerks wurde das Spielfeld erneuert, mit Kalkstein-gefassten Traversen für 18.000 Zuschauer erweitert und zum FDGB-Pokalfinale Volkspolizei Dresden – Einheit Pankow (3:0) neu eröffnet. Hieraus resultiert auch der bis heute gültige Rekordbesuch von 18.000 Zuschauern. Im Mai 1953 erfolgte zum Spiel Lichtenberg 47 – Turbine Weimar (2:1) die Benennung nach dem Lichtenberger Antifaschisten Hans Zoschke und im Beisein von Witwe und Tochter die Enthüllung einer Gedenktafel.

Die heutige Tafel ist ein Ersatz für das 2005 gestohlene Original. Um 1980 drohte der Abriss:, um weitere Gebäude für das Ministerium für Staatssicherheit zu errichten. Diese Absichten wurde wegen fehlendermangels Baukapazitäten und wegen des Unmuts in der Bevölkerung nicht realisiert. Mit Blick auf die Frauen-Fußball-WM 2011 in Deutschland gab es Überlegungen des Namens-Sponsors, Flutlichtmasten und eine Zuschauerüberdachung zu installieren, was aber aufgrund der Nichtberücksichtigung als Spiel- und Trainingsstätte nicht umgesetzt wurde. Das »Zoschke« ist nach der Alten Försterei das zweitgrößte reine Fußballstadion Berlins. Hauptnutzer ist seit jeher der SV Lichtenberg 47. CW

61 Sportforum Hohenschönhausen

Sportforum Hohenschönhausen
Weißenseer Weg 51-55,
Chefarchitekt:
Walter Schmidt
Bauzeit:
1954 bis 1988

1952 überließ der Ost-Berliner Magistrat das Gelände zwischen Weißenseer Weg und Steffenstraße der Volkspolizei zur sportlichen Nutzung. Die Zentrale Leitung der SG Dynamo (Volkspolizei, Zoll) beschloss am 1. Oktober 1954 den Bau des Sportforums als DDR-Leistungssport-Zentrum. Als erstes Gebäude wurde am 25. Januar 1958 die Dynamo-Sporthalle übergeben. Es folgten Hallenkomplexe u. a. für Boxen, Fechten, Judo, Schwimmsport und Volleyball. Im Wellblechpalast spielten bis 2008 die Eisbären, heute noch deren Junioren. Die Eisschnelllauf-Halle war bei ihrer Eröffnung 1986 die erste 400-m-Indoor-Bahn weltweit. Das Fußballstadion von 1959 (heutige Form von 1970) wurde ab 1961 vom SC (ab 1966 BFC) Dynamo bespielt. Zum UEFA-Spiel gegen den FC Liverpool (0:0) am 29. November 1972) erschien die bleibende Rekordzahl von 17.000 Zuschauern.

Zur Infrastruktur gehören auch ein Sport- und Kongresszentrum (1987/88), die Sportschule »Werner Seelenbinder«, das »Haus der Athleten« mit 200 Internatsplätzen, medizinische Einrichtungen und das Institut für Sportwissenschaften der Humboldt-Universität. Heute ist das Sportforum mit 35 Sportanlagen auf 50 Hektar ha der nach dem Olympiapark Berlins größte Trainings- und Wettkampfstätte und größter Olympias-Stützpunkt Deutschlands. Es steht komplett unter Denkmalschutz. CW

Trabrennbahn Karlshorst

62

Trabrennbahn Karlshorst
Treskowallee 129
Bauherr: Verein für Hindernisrennen Charlottenburg
Architekten:
Rudolph Jürgens.
Johannes Lange
Martin Haller
Eröffnung:
9. Mai 1894

Die Trabrennbahn ist neben dem Vorwerk die älteste Ansiedlung des heutigen Karlshorst. Die hiesige Tradition der Pferderennen geht zurück auf den 24. Juni 1862, als etwa auf dem heutigen Standort und im Beisein des preußischen Königs ein erstes Armee-Jagdrennen durchgeführt wurde. 1884 fand hier ein von der Hindernisbahn Charlottenburg hierher verlegtes erstes öffentliches Rennen statt. Als 1893/94 der Pachtvertrag für die Charlottenburger Bahn auslief, entstand als Ersatz trotz noch fehlender Bahnanbindung die Karlshorster Galopprennbahn für Hindernis- und Jagdrennen.

Die ursprünglichen drei Tribünen wurden 1934/35 durch die heutige Tribüne (Architekt: Heinrich Straumer) ersetzt. Ebenfalls nicht mehr erhalten sind Kaiser- und Damenpavillon. Den Umbau zur Trabrennbahn befahl der sowjetische Stadtkommandant Nikolai Bersarin, die Neueröffnung folgte bereits am 1. Juli 1945 statt. Während der deutschen Teilung war Karlshorst die einzige Trabrennbahn der DDR, betrieben vom VEB Trabergestüte und Trabrennbahn. Nach der Wende verkaufte die Treuhand sie dem Trabrennverein Mariendorf. Der wirtschaftliche Bedeutungsverlust des Pferdesports zwang 2004 zum Teilverkauf als Bauland, die andere Hälfte wird weiterhin als Stätte des Pferdesports genutzt. Das Waage-Gebäude, die Eingangskolonnaden, Tribüne und Rundstall stehen unter Denkmalschutz.

CW

Stadien, Kurzvorstellungen

Stadion 1. Mai, Scheffelstraße. 21
Der frühere Spielplatz im Lichtenberger Stadtpark wurde auf Geheiß der sowjetischen Sowjetischen Militäradministration zum Stadion ausgebaut und am 1. Mai 1951 dem Zentralen Haus der Jungen Pioniere übergeben. Die Sanierung der dank Besucherterrassen aus Bruchsteinmauerwerk sehenswerten Anlage wurde am 7. Mai 2009 mit der feierlichen Wiedereröffnung abgeschlossen. Nutzer sind u. a. der SV Bau-Union, Bogenschützen und umliegende Schulen.

BVG-Stadion, Siegfriedstraße 74
Der 1922 eröffnete Platz wurde 1930 mit einer verklinkerten Tribüne mit 400 Plätzen von Jean Krämer ergänzt. Trotz Denkmalschutz ist sie inzwischen leider als baufällig gesperrt. Das heute ebenfalls ruinöse Schwimmbad entstand als Trainingsstätte zu den Olympischen Spielen 1936.

Stadion Friedrichsfelde, Zachertstraße 30–50

Der 1938 eröffnete bestehende Sportplatz wurde am 11. Dezember 1949 als Leichtathletikstadion neu eröffnet. Von 1985 bis 1990 trug er den Namen des Lichtenberger Arbeitersportlers und Spanienkämpfers Erich Neumann (1908-1942). Das aktuelle Fassungsvermögen beträgt 6.000, davon 1.500 Sitzplätze. Hauptverein ist der SC Borussia 1920 Friedrichsfelde.

Sportplatz Kynaststraße, Kynaststraße 25

Diese Anlage entstand 1923 als Ersatz für einen älteren Gemeindesportplatz an der Hirschberger Straße. Am 24. August 1924 wurde die heute nicht mehr existente Tribüne mit einem Spiel zwischen Berliner und Dresdner Arbeiterfußball-Auswahlen (1:1) übergeben. Damaliger Hauptverein war die Freie Turnerschaft Lichtenberg, Abt. Rummelsburg. Geschichtliche Höhepunkte sind mehrere Spiele zwischen Berliner Arbeitersportlern und sowjetischen Fußballern 1925–1927 vor bis zu 5.000 Zuschauern. Die Zeit nach 1945 ist vor allem mit dem Namen von Sparta Lichtenberg verbunden.

Sparta-Zeichen aus Filz mit Druckknöpfen zum Befestigen

Sparta-Platz, Hauffstraße 13-20
Der ca. 1921 eröffnete Platz ist der älteste noch betriebene Fußballplatz in Lichtenberg. Neben dem Namensgeber spielten hier einst auch die Arbeitervereine FC Britannia 21, FC Normannia und Spielvereinigung Ost Lichtenberg sowie der DFB-Verein Lichtenberger BC 09. Als Rekordbesuch gelten die 5.000 Zuschauer vom Spiel einer Berliner Arbeiterauswahl gegen eine kommunistische Deutschland-Auswahl am 6. August 1930.

CW

Fußballspiel Sparta gegen Lichtenberg III 1929

Krankenhäuser in Lichtenberg 6

Krankenhäuser

Marina Wesner

»Krankenpflege ist kunstgerecht geübte Krankenliebe.«

Seit der Mitte des 19. Jahrhunderts beschleunigte sich die Forschung im Bereich der Medizin rasant. Der Wandel im Umgang mit Patienten und der Fortschritt im Wissen um Krankheiten und Hygiene spiegeln sich eindrücklich in den Krankenhausbauten wider.

Die therapeutische Wirkung der Heilkräfte der Natur, namentlich von Luft, Licht und Sonne, wurde erkannt und beeinflusste ebenfalls die Gestaltung und Organisation der Hospitäler. Fortschreitende Differenzierung in den medizinischen Methoden erforderte eine komplexere Planung und eine neue Zuordnung von Funktionsbereichen.

Ehemaliges St. Antonius-Krankenhaus, Detailansicht

Diese Entwicklungen und die Ausdifferenzierung der Bauaufgabe führten dazu, dass Architekten sich immer mehr in die Erfordernisse der Krankenbehandlung und -pflege einarbeiten mussten. Der Austausch mit den Ärzten gewann an Bedeutung.

Neben der schnellen medizinischen Entwicklung veränderte sich in der zweiten Hälfte des 19. Jahrhunderts auch die Trägerschaft der Krankenhäuser. Staat und Kommunen hatten lange Zeit nur sehr zurückhaltend Krankenhäuser errichtet, zumeist übernahmen Religionsgemeinschaften diese Aufgabe oder es handelte sich um Universitätskliniken (z. B. die Charité).

Unter den hier grob umrissenen Voraussetzungen entwickelte sich der Krankenhausbau seit der Mitte des 19. Jahrhunderts vermehrt dahin, dass Komplexe, bestehend aus einem Haupthaus und mehreren kleineren Gebäuden, auf parkähnlichen Grundstücken gebaut wurden. Die Hauptgebäude wurden häufig als symmetrische Flügelanlagen errichtet, sie erhielten eine außerordentlich repräsentative Gestaltung, häufig mit Anklängen an den Barock.

Hinzu kamen kleinere Gebäude innerhalb eines Parks, die gesonderte Abteilungen oder Isolierstationen beheimateten. Die Parkgestaltung wurde wichtiger; Alleen sowie ausgedehnte Beete und Rasenflächen, vielfach ebenfalls symmetrisch angelegt, verbanden die Gebäude.

Eine deutliche Umkehr erfolgte in der Moderne: Die Gebäude wurden wieder kompakter. Beispielhaft dafür ist die Landhaus-Klinik des Roten Kreuzes in Wilmersdorf, 1930/31 von Otto Bartning errichtet. Kurz vorher entstand bereits das

St. Antonius-Krankenhaus Innenansicht

St. Antonius-Hospital, ein Gebäude, das sich mit seinem mäandernden Grundriss innerhalb eines waldähnlichen Grundstücks deutlich von allen zuvor in Berlin gebauten Krankenhäusern abgrenzte.

Dr. Paul Lazarus beschrieb eindrücklich und ausführlich die Grundsätze der medizinischen Behandlung, die sich im Raumprogramm und in der Gestaltung der Krankenhäuser wiederfinden sollten.

Dr. Paul Lazarus
1873 als Sohn einer österreichischen jüdischen Ärztefamilie geboren, studierte und forschte er in Heidelberg, Berlin und Wien, ging 1901 an die Charité Berlin, war 1907–1903 Chefarzt am St. Marien-Krankenhaus und ab 1930 im St. Antonius-Hospital. Der zum Katholizismus konvertierte Lazarus forschte erfolgreich im Bereich der Radiologie, sein Schwerpunkt war das Radium. 1937 floh er mit seiner Frau in die Schweiz, wo er 1957 starb.

Er ging davon aus, dass die individualisierte Organpathologie an Bedeutung verliere und die konstitutionelle Behandlung des Menschen, d. h. ein ganzheitlicher Ansatz, erstrebenswert sei. Dieser wurde umgesetzt durch Frischluft- und Freilichtbehandlungen, physikalische Therapien wie Lichtkuren, medizinische Bäder und eine spezielle Diätküche. Entsprechend Lazarus' eigenem Forschungsschwerpunkt wurden auch Radiumbehandlungen angeboten.

Die sogenannte Klimabehandlung basiert auf der Prämisse, dass sich der Aufenthalt an der frischen Luft positiv auf den Organismus auswirkt. Im Gegensatz zu der häufig propagierten Reise in ein fremdes Klima (Luftkurorte) wurde die positive Wirkung der »Freiluft der Heimat« beschworen. Der Patient sollte da gestärkt werden, wo er sich nach seiner Genesung auch wieder aufhalten würde.

Ein weiteres Beispiel für das Zusammenwirken von medizinischer Forschung und Architektur ist die Nutzung der Farbe Weiß. Weißem Licht wurde eine desinfizierende Wirkung zugeschrieben. Aus diesem Grund wurden z. B. im St. Antonius-Hospital die Zimmer in Weiß gehalten, um die Luft auf diesem Wege zu reinigen.

Obwohl die im Folgenden vorgestellten zwei Krankenhäuser mit einem zeitlichen Abstand von nur wenigen Jahren errichtet wurden, verdeutlichen sie eindrucksvoll den Wandel, den die medizinische Forschung Anfang des 20. Jahrhunderts durchlebte.

Poliklinik »Friedrich Wolf« im Wohngebiet Fennpfuhl

In der DDR etablierte sich dann eine andere Form der medizinischen Versorgung unter staatlicher Aufsicht, die Poliklinik. Dabei handelte es sich um eine ambulante Klinik, die unter einem Dach mindestens fünf verschiedene Fachrichtungen sowie eine Apotheke vereinte.

Mittlerweile sind Krankenhäuser und Ärztehäuser zumeist privatwirtschaftlich organisiert, sowohl der Staat als auch die Kirchen haben als Betreiber an Bedeutung verloren.

Oskar-Ziethen-Krankenhaus

63

Oskar-Ziethen-Krankenhaus
Fanningerstraße 32
10365 Berlin
Architekten:
Johannes Uhlig,
Carl Mohr,
Paul Weidner
Baubeginn
(Grundsteinlegung):
3. Juli 1911
Einweihung: 26.10.1914

1911 beschloss die Stadtverordnetenversammlung Lichtenbergs den Neubau des Städtischen Krankenhauses – aus politischen Gründen: ein Krankenhaus war Bedingung für die Stadtgründung. Das Haupthaus mit 225 Betten beherbergte Verwaltung und medizinische Abteilungen. Einige Zimmer standen für Isolierkranke bereit. Die Patienten wurden in Krankensälen aber auch in Einbettzimmern untergebracht. Bis in die 1920er Jahre wurde die Anlage erweitert. Uhlig, der für Lichtenberg verantwortliche Beamte, entwarf den Bau mit den Architekten Mohr & Weidner. Sie schufen eine für ihre Zeit typische Krankenhausanlage mit ausgreifenden Gebäudeflügeln und teils separat stehenden kleineren Häusern. Stilistisch nutzte Uhlig Elemente des Neobarock. Das von Ludwig Hoffmann errichtete Virchow-Klinikum scheint als Inspiration gedient zu haben. Die Anlage ist in ihrer Gestaltung an andere Gebäudetypologien angelehnt. Das Haupthaus hat eine schlossartige Struktur. Drei kleinere Gebäude, »Absonderungshäuser« für je 26 Patienten, wurden im Stil von Kavaliershäusern errichtet. Sie zeigen aktuelle Bewegungen der Reformarchitektur, z. B. großzügige Arkaden in den Obergeschossen und Flachdächer auf Verbindungsbauten, die einen Aufenthalt im Freien erlaubten. Das Haus wurde lange unter städtischer Verwaltung und zwischenzeitlich vom Paritätischen Wohlfahrtsverband betrieben. Heute gehört es zur Sana Kliniken AG. MW

64 Laborgebäude des Instituts für vergleichende Pathologie

Laborgebäude
Alfred-Kowalke-Str. 4
10315 Berlin
Architekten:
P. Henning und Karl
Bauzeit:
1957/58

Direkt am Dorfanger von Alt-Friedrichsfelde steht das ehemalige Laborgebäude des Instituts für vergleichende Pathologie. Der eingeschossige Bau mit Spitzdach und Fledermausgauben fügt sich in das historische Bild ein. Der Neubau könnte auf einem umrissähnlichen Gebäude basieren, das ein Plan von 1942 erkennen lässt. Verantwortlich zeichnen die Architekten P. Henning und Karl der Deutschen Akademie der Wissenschaften (DAW).

Von der Gebäudestruktur her orientiert sich das Laborgebäude am Gebäudetypus des Gutsarbeiterhauses, das seit den 1730er Jahren in brandenburgischen Gutsdörfern weit verbreitet war.

1952 gründete Prof. Dr. Dr. Johannes Dobberstein eine Arbeitsgruppe für vergleichende Pathologie an der Humboldt-Universität zu Berlin. Das Institut selbst wurde 1954 innerhalb der DAW gegründet. Im Jahr darauf erfolgte die Eröffnung des Tierparks. Somit war es sinnvoll, ein Laborgebäude in räumlicher Nähe zu diesem zu errichten. Dieses Ziel konnte schon 1958 erreicht werden. Aber bereits 1973 wurde das Institut wieder geschlossen und die Abteilung Zoo- und Wildtiermedizin in die Zoologische Forschungsstelle des Tierparks eingegliedert. Die Nachfolge-Organisation, das Leibniz-Institut für Zoo- und Wildtierforschung, hat heute ihren Sitz in der Alfred-Kowalke-Straße 17. MW

St. Antonius-Krankenhaus

65

St. Antonius-Krankenhaus
Köpenicker Allee 39–57
10318 Berlin
Architekt:
Felix Angelo Pollak
Baubeginn
1.10.1928
Einweihung:
10.06.1930

Das St. Antonius-Krankenhaus der Marienschwestern war bei seiner Einweihung ein hochmodernes Gebäude. Pollak gelang es, neuste medizinische Forschungsergebnisse mit einer anspruchsvollen Gestaltung zu verbinden. Er nutzte Stilelemente des Expressionismus und entwickelte einen freien Grundriss. Gliederungselemente waren horizontale Fenstergurte und Dachkanten im Gegensatz zu den weiß verputzten Fassaden. Es wurde eine gute Belichtung und Belüftung aller Räume gewährleistet, gleichzeitig konnte der Orden den Komplex aus eigener Kraft finanzieren. Es gab Liegeplätze auf dem Dach, die auch für den Nachtaufenthalt geeignet waren, und »Terrainkuren« im Waldpark des Krankenhauses. Das Haus bot Platz für 300 Krankenbetten sowie eine Poliklinik für ambulante Behandlungen, ein Krebsinstitut, einen Lehrsaal, Labore und Unterkünfte für 40 Lernschwestern. Einige Ärzte lebten im Haus; die Marienschwestern bewohnten einen eigenen Trakt mit Garten. 1945 besetzte die sowjetische Armee das Krankenhaus, es musste binnen Stunden geräumt werden. In der DDR richteten die Schwestern in einem ehemaligen Friedrichshagener Hotel ein Krankenhaus ein. Insbesondere die Gynäkologische Abteilung genoss einen guten Ruf, ebenso die Ausbildung der Lernschwestern. 1964–1990 war das Gebäude Sitz des Ministeriums für Land-, Forst- und Nahrungsgüterwirtschaft. Seit 1991 nutzt es die Katholische Hochschule für Sozialwesen.
MW

Felix Angelo Pollak
(02.06.1882–15.09.1936) wurde bei Wien geboren, seine Eltern waren Juden, er selbst wurde überzeugter Katholik und trat 1928 in die römisch-katholische Kirche ein.

Heiliger Antonius v. Padua
u. a. Patron der Frauen, Kinder und Armen.

66 Polikliniken

Polikliniken
Gesundheitszentrum
»Am Tierpark«
Rummelsburger Str. 13

Gesundheitszentrum
Fennpfuhl
(heute: POLIKUM Berlin
Fennpfuhl)
Franz-Jacob-Straße 10
Architekt:
Jörg Zahlmann

Um die ambulante medizinische Versorgung der Bevölkerung zu gewährleisten, wurden in der DDR Gesundheitszentren errichtet. Zu diesem Zweck entwickelten Ärzte, Vertreter des Gesundheitswesens und Architekten den Typenbau SK Berlin 72, der bestmöglich sowohl größere Gebiete versorgen als auch intern sinnvolle Funktionsverflechtungen bieten sollte.

Die viergeschossigen, kompakten Bauten verfügen über je zwei Lichthöfe. Die Fassaden sind umlaufend gleichbleibend gestaltet, wobei der Eingangsbereich hervorgehoben wurde. Die Wandscheiben dort standen für Kunst am Bau zur Verfügung. Eine Anpassung an die Umgebung bzw. eine Differenzierung zwischen den Gesundheitszentren wurde mittels farbiger Glasbrüstungen und Alu-Abdeckprofile erzielt.

Das Besondere an den Gesundheitszentren war ihre Organisation: Finanziert von staatlicher Seite und mit staatlich angestellten Ärzten und Mitarbeitern vereinten sie mindestens fünf medizinische Fachrichtungen sowie eine Apotheke. Als positiv erwies sich die gemeinsame Nutzung kostspieliger Instrumente und technischer Einrichtungen. Zum Ende der DDR-Zeit wurden 80 % aller ambulanten Leistungen in sogenannten Polikliniken erbracht. Die beiden Lichtenberger Gesundheitszentren dienen noch heute als Ärztehäuser, allerdings privatwirtschaftlich betrieben. MW

Militärbauten in Lichtenberg 7

Militärbauten in Lichtenberg
Wolfgang Schneider

Wir begeben uns an die östliche Grenze von Karlshorst zu Biesdorf. Hier erstreckt sich entlang der Bahnlinie der »Biesenhorster Sand« Im Norden wird das Gebiet durch die Trasse der U-Bahn U5 begrenzt. Im Süden reicht es fast an die S-Bahnlinie Bahn-Linie nach Erkner heran. Heute finden wir eine Fläche vor, die Spuren militärischer und wirtschaftlicher Nutzung aufweist. Sie ist teilweise zugemüllt mit Bauschutt von Anwohnern. Wir finden Betonfertigteilen aus dem Betonwerk Grünau. Und es wurden mehrere Meter dicke Aufschüttungen aus Sand und Kies aufgebracht. In unmittelbarer Nachbarschaft sehen wir die Festungspionierschule, das Deutsch-Russische Museum, den Bunker in der Zwieseler Straße, das SMAD-Gebäude im Grafenauer Weg und Kuppelbauten in der Köpenicker Allee. Warum wurden diese Gebäude hier errichtet? Es ist ein Gebiet, das eigentlich für eine ein- bis zweigeschossige Bauweise mit Wohnhäusern vorgesehen war. Begeben wir uns auf die Spurensuche. In den Archiven ist nur wenig zu finden, da viele Unterlagen im Zweiten Weltkrieg vernichtet wurden.

Alles begann in den ersten Monaten des Jahres 1887. In dieser Zeit übernahm Werner von Siemens Gut und Schloss Biesdorf, das der Vorbesitzer Günther von Bültzingslöwen 1874 gekauft hatte. Jedoch scheiterte sein Versuch, Zuckerrüben auf dem Gut anzubauen. Werner von Siemens hatte Bültzingslöwen für den Kauf ein Darlehen gewährt, das dieser nun nicht zurückzahlen konnte. Zur Sicherung seines Darlehens erwarb Werner von Siemens am 17. Februar 1887 den gesamten Biesdorfer Besitz. Doch er wollte das Gut nicht selbst nutzen, weshalb er es 1889 an seinen Sohn Wilhelm von Siemens überschrieb, der das Schloss Biesdorf über viele Jahre als Familiensitz nutzte.

Wilhelm von Siemens interessierte sich mehr für die technischen Neuerungen seiner Zeit, als für die landwirtschaftliche Entwicklung seines Gutes. Er wurde die führende Person im väterlichen Unternehmen. Als eine Tochtergesellschaft gründete er 1903 die Firma »Siemens-Schuckert-Werke GmbH«.

Zu Beginn des 20. Jahrhunderts erlebte die Luftfahrtindustrie einen gewaltigen Aufschwung. 1906 gründeten führende Industrielle, u. a. Wilhelm von Siemens, die Motorluftschiff-Studiengesellschaft. Ziel dieser Gesellschaft war die Förderung der Technik und der Anwendung von Motorluftschiffen. Das Militär war natürlich ebenfalls in diese Gesellschaft eingebunden. Doch die deutsche Heeresleitung war sich nicht sicher, welcher Luftschifftyp sich am besten für militärische Aufgaben eignet. Ursachen dieser Zweifel waren Unfälle, die bei den starren Luftschiffen von Zeppelin zum Totalausfall des Luftschiffes führten. Die Heeresleitung trat deshalb an Wilhelm von Siemens mit der Bitte heran, ein unstarres Luftschiff zu entwickeln. Er teilte in einem Schreiben an den Generalstab vom 2. August 1907 seinen Entschluss mit, dass die Firma Siemens-Schuckert ein solches Luftschiff bauen wird. Doch auch diesem war kein Erfolg vergönnt. Der Erstaufstieg fand am 23. Januar 1911 statt, die letzte Fahrt im Mai 1912. Es war zwar das schnellste Luftschiff seiner Zeit, aber die unzureichende Steighöhe und die komplizierte Bedienung führten zur Ablehnung einer Übernahme in das Heer.

Die für das Siemens-Schuckert-Luftschiff erbaute Halle war zum Zeitpunkt ihres Baus die modernste Luftschiffhalle der Welt. Der Misserfolg des Siemens-Schuckert-Luftschiffes war nicht das Ende des Luftschiffhafens Biesdorf. Es sollten weitere fünf Jahre vergehen, bis die Heeres-Luftschifffahrt aufgrund des Versailler Vertrags eingestellt wurde. Im gleichen Jahr wurde auch die Halle abgerissen. Das war das Ende des Luftschiffhafens Biesdorf.

Flugzeughallen

67

Flugzeughallen
Köpenicker Allee 121–153
Bauherr:
Militär-Neubauamt
Architekt: Josef Rank
Bauausführung:
Baugesellschaft
Gebrüder Rank, München
Entwurf: 4. April 1917,
BaubeginnBauzeit:
April 1917–Mai 1919
Eröffnung:
gleitend ab April 1917

Die Gemeinde Friedrichsfelde sah in der Ansiedlung einer Garnison die einzige Möglichkeit, ihre Finanzen langfristig zu sichern. Da das Militär das ehemalige Gelände des Luftschiffhafens nutzte, kam von dieser Seite die Anregung, hier einen Flugplatz zu errichten. Erstmalig beschloss der Vorstand der Gemeinde Friedrichsfelde am 8. Dezember 1916 die Entwicklung eines Flugplatzes im Ortsteil Karlshorst. Aus der Vorlage für eine geheime Sitzung der Gemeindevertretung vom 1. Juni 1917 zum Tagesordnungspunkt »Garnison Karlshorst« geht hervor, dass die Gemeinde 150 ha ankaufen will. Insgesamt plante die Gemeinde Friedrichsfelde für den Ankauf von Flächen für den Flughafen 3.400.000,- RM ein, die über ein Hypothekendarlehen gesichert werden sollten. Von dieser Summe waren 400.000 RM für eine Zufahrtsstraße und einen Schmutzwasserkanal 400.000,- RM vorgesehen. Die Militärverwaltung war zur Übernahme des Flugplatzes und zu einer 45-jährigen Pachtzeit bereit.

Die »Intendantur der Luftstreitkräfte« hatte jedoch die Gemeinde Friedrichsfelde schon längst mit dem Beginn der Bauarbeiten vor vollendete Tatsachen gestellt. Im Februar 1917 war mit dem Bau eines Anschlussgleises für den Flughafen begonnen worden. Die ersten Bauarbeiten der für die Flugzeughallen begannen im April 1917. Das Militär zog für den Bau der Flugzeughallen die Münchner Firma »Baugesellschaft Gebrüder Rank« heran, die durch ihre Bautätigkeit auf den Militärflugplätzen München-Schleißheim und Fürth-Atzenhof auf sich aufmerksam gemacht hatte. Sie hatte 1901 die Konzession für die Herstellung von Stahlbeton vom Franzosen Françcoise Hennebique erworben. Damit war sie am Anfang des 20. Jahrhunderts eines der wenigen Unternehmen in Süddeutschland, die sich mit der Nutzung von Stahlbeton beim Bau von Gebäuden befassten. Vorher war es üblich, Flugzeughallen in einer Stahlkonstruktion zu errichten. In Kriegszeiten war der entscheidende Punkt, der den Zuschlag zugunsten der Baufirma Rank den Ausschlag gab, dass der Stahlverbrauch erheblich reduziert wurde.

Die Hallen wurden in einem Taktverfahren mit einer lastaufnehmenden Konstruktion aus Stahlbeton und einer gemauerten Kuppel aus Langlochziegeln errichtet. Es konnte sehr kostengünstig und schnell gebaut werden. Die Hallen waren erstmalig beheizbar (Fußbodenheizung und Wandheizkörper), so dass auch im Winter Temperaturen über 10 Grad erreicht wurden und keine Probleme mit Schwitzwasser auftraten. Das neue Konzept überzeugte die Auftraggeber, und so erhielt die Münchner Firma »Baugesellschaft Gebrüder Rank« am 31. März 1917 den Auftrag für die Hallen 1 bis 4 und den Bau eines Werftgebäudes. Die Hallen 5 und 6 wurden von einer anderen, bisher noch nicht identifizierten Baufirma errichtet. Offizielle Bauzeit: 15. April 1917– bis 15. Mai 1919. Die Flugzeughallen wurden in einer Größe von 66,50 m mal 22,70 m geplant und gebaut. Die weiträumigen Hallen waren für auf eine große Anzahl von Flugzeugen ausgelegt. Gleichzeitig war geplant, in diesen Hallen Wartungsarbeiten an den Flugzeugen durchzuführen. Die Tore zum Flugfeld hatten eine lichte Weite von 22 m. Die untergestellten Flugzeuge wiesen in der Regel eine Spannweite von 7,50 m bis 9,50 m auf, so dass sie ohne Beschädigungen an den Tragflächen in die Halle eingerollt werden konnten.

Während des Aufbaus des Flughafens wurde mit dem Flugbetrieb begonnen und gleichzeitig Flugpersonal ausgebildet. Die Flugabteilung Karlshorst und die Lehrabteilung Karlshorst der Inspektion des Lichtbildwesens waren hier stationiert. Auf dem Flugplatz Berlin-Karlshorst wurde 1919 eine Staffel für den Grenzschutz Ost und eine Polizeifliegerstaffel aufgebaut. Nachweislich fand mindestens bis März 1920 ein Flugbetrieb statt. Nach Niederschlagung des Kapp-Putsches berichtete die Morgenausgabe des »Vorwärts« am 27. März 1920 in dem Artikel »Ehrenmänner« vom Hissen der alten Reichsflagge durch Angehörige der Polizeifliegerstaffel auf einem Gebäude des Flughafens Berlin-Karlshorst. Dies wurde als Akt der Illoyalität gegenüber der Republik angesehen und leitete das Ender der Staffel ein.

1924 wurden Flächen des Flughafens, auf denen während des Krieges durch die Militärverwaltung Gebäude errichtet worden waren (33,5 ha), aufgrund der Vertragsablösungsverordnung vom 8. August 1919 durch das Reichsfinanzministerium enteignet. 114 ha Hektar unbebaute Fläche blieben im Eigentum von Berlin. Der Stadt Berlin wurde eine Vergütung vom von 0,15 RM je Quadratmeter gezahlt. Nach dem Einlegen von Rechtsmitteln gegen diese ungewöhnlich geringe Bewertung kamen die beteiligten Seiten (Berlin/Reichsfiskus) per Vertrag 1931 zu einem Ausgleich: Das Reich plante als Zugeständnis eine Verbindungsstraße von der Rheinsteinstraße in Karlshorst nach Biesdorf-Süd und leistete eine Zahlung von 16.700,- RM für die Benutzung des Flugplatzes bis zum Zeitpunkt der Enteignung. WS

68 Festungspionierschule Karlshorst

Festungs-pionierschule Karlshorst
Zwieseler Straße 4—50,
10318 Berlin-Karlshorst
Architekt: unbekannt
Entwurf: unbekannt,
Baubeginn: 1936
Eröffnung:
1. April 1937

Das Ensemble »Zwieseler Strasse Straße 4-50« steht als Beispiel für die Kasernenarchitektur 1933 und 1945 heute unter Denkmalsschutz.

Nach ihrem Machtantritt 1933 begann die NS-Regierung ihre Aufrüstungspläne (Autobahnen, Flugplätze, Kasernen) zu verwirklichen. In Karlshorst wurde die »Pionierlehranstalt für Offiziere der Wehrmacht«, die »Pionierschule I«, errichtet. Man knüpfte bei der Entscheidung dafür daran an, dass der zu bebauende Grund und Boden dem Militärfiskus gehörte. Der Karlshorster Lokal-Anzeiger vom 13. und 14. Dezember 1937 berichtete ausführlich über »einen der bedeutendsten Neubauten der Wehrmacht des Dritten Reiches in Berlin«. Am 1. Oktober 1942 wurde die Pionierschule I in »Festungspionierschule« umbenannt.

Die großzügige Planung für diese »Hochschule der Pioniere« wird beim Blick auf den Lageplan deutlich. Insgesamt wurden fast zwanzig 20 Gebäude errichtet; vier davon in strenger Symmetrie zum Hauptgebäude mit den Hörsälen und einer großen Aula. Schüler und Lehrer der Schule, die eine Mischung aus Hochschule und Kaserne darstellte, wohnten in getrennten Gebäuden auf dem weiträumigen Areal, auf dem sich außerdem ein Sportplatz, eine Schwimmhalle, eine Reithalle, eine Reitbahn und Kraftfahrzeughallen befanden.

Am 22. April 1945 besetzte das 1.050. Schützenregiment der sowjetischen Armee Karlshorst. Die Pionierschule wurde ohne Kämpfe eingenommen. Von 1945 bis 1949 war sie Sitz der Sowjetischen Militäradministration in Deutschland.

In die Gebäude der Festungspionierschule zogen ab 1953 Ministerien der DDR ein: zunächst das der Schwerindustrie (ab 1955 Aufteilung in Ministerium für Berg- und Hüttenwesen, Ministerium für Chemische Industrie und Ministerium für Kohle und Energie). 1957 folgten das Ministerium für Bauwesen und die Bauakademie. Von 1963 bis zum Abzug der GUS-Armee 1994 war hier eine Zentrale des sowjetischen Geheimdienstes (KGB).

Die Anlage der ehemaligen Festungspionierschule wurde Ende 2007 von einem privaten Investor erworben. Die bestehenden denkmalgeschützten Gebäude wurden unter dem Namen »Wohnpark Karlshorst« umgebaut. WS

Das Offizierscasino der Festungspionierschule beherbergt heute das Deutsch-Russische Museum. Am 8. Mai 1945 unterzeichnete hier die Deutsche Wehrmacht die bedingungslose Kapitulation.

69 Hochbunker

Hochbunker
Zwieseler Str. 120–124,
10318 Berlin-Karlshorst
Bauherr: Deutsches Reich
Architekt:
Generalbauinspektor für
die Reichshauptstadt
(GBI), Baugruppe Langer
Entwurf: unbekannt,
Baubeginn: 1940
Eröffnung: unbekannt

Nach einem Luftangriff auf Berlin durch das britische RAF Bomber Command in der Nacht vom 25. zum 26. August 1940 wurden zunächst in Berlin und danach in vielen deutschen Großstädten zivile Luftschutzbunker in einer großen Anzahl gebaut. Die offizielle Bezeichnung »Bunker Typ M 500« steht für »Schutzbau für 500 Personen«. In Berlin sind neben diesem Bunker in Karlshorst vier weitere baugleiche Bunker erhalten geblieben, die heute alle unter Denkmalsschutz stehen: Lankwitz, Tempelhof und Wittenau (2). Der Bunker war als »Schlafbunker« konzipiert. Die Kammern hatten unterschiedliche Größen: Tiefe 2,50 m, Breite 1,50–3,00 m. Sie nahmen jeweils eine Familie auf, wobei nur Frauen mit Kleinkindern und ältere Personen Zugang hatten. Zugangsvoraussetzung war ein Berechtigungsschein, der über NS-Vertrauensleute ausgegeben wurde. Im Verlauf des Luftkrieges wurden die Zutrittsregeln weniger streng gehandhabt. Zeitzeugen berichten, dass später auch Jugendlichen Zugang gewährt wurde. Der zweigeschossige Bunker (plus Dachgeschoss) war gas- und bombensicher gebaut. Er verfügt über zwei Eingänge und zwei Treppenhäuser. Die Bunkerkabinen waren jeweils mit zwei dreistöckigen Betten ausgestattet. Zusätzlich gab es auf jeder Etage weitere Sitzplätze. Der Bunker war mit Toiletten- und Waschräumen für Männer und Frauen, einer Küche, einem Schutzraum, einem Raum für die Wachgruppe und einem Raum für den Bunkerwart ausgestattet. Maße des Bunkers: Länge: 36 m, Breite: 19 m, Wandstärke: 1,10 m, Deckenstärke: 1,40 m. WS

SMAD-Gebäude

70

SMAD-Gebäude
Grafenauer Weg 18
10318 Berlin-Karlshorst
Bauherr: Sowjetische Militäradministration in Deutschland
Architekt: unbekannt
Entwurf: unbekannt,
Baubeginn: 1947
Eröffnung:
1948

Der Verwaltungsbau der Sowjetischen Militäradministration in Deutschland (SMAD) im Grafenauer Weg ist einer der wenigen Bauten, die extra für die SMAD errichtet wurden. Der imposante Bau dominiert diesen Bereich von Karlshorst. Er wurde 1948 auf dem Gelände der ehemaligen Kleingartenanlage »Wiesengrund« fertiggestellt. Die Bewohner mussten ihre Gärten im Mai 1945 räumen. In den Denkmalunterlagen wird auf einen Architektur-Stilmix der 20er und der 30er Jahre hingewiesen: Der Portalbereich und die Seiten wurden im Stil der 30er Jahre, und der Mittel- und der Treppenhausrisalit im Stil der 20er Jahre gestaltet. Die langen Seitenfronten werden durch die strenge Fensterrahmung zu Bändern zusammengefasst, wodurch die Horizontale betont wird. Die Treppenhäuser mit ihren eckigen Stützen heben die Vertikale hervor, wodurch der Architekt eine Belebung der Fassade erreichte. Aus einem normalen Bürobau entstand so ein ansehenswertes Gebäude. Der Bau dokumentiert heute die Jahrzehnte währende Anwesenheit sowjetischer Truppen in Karlshorst.

Von 1950 bis zum Ende der DDR wurde das Gebäude nacheinander von Ministerien, von der Zollverwaltung der DDR und durch das Grenzkommando Mitte/ Stadtkommandantur genutzt. Nach 1989 fanden hier verschiedene Bildungseinrichtungen und die Zollfahndung ihren Platz. WS

71 »Feldherrenhügel«

»Feldherrenhügel« Offizierskasino Haus 22 MfS
Normannenstraße/ Magdalenenstraße
Bauleitung: Baustab 110
Bauzeit: 1960

Gegenüber dem Haus 1 in der Zentrale des Ministeriums für Staatssicherheit wurde 1960 auf Grundlage einer Planung aus den 1950er Jahren das Neue Speisehaus oder Haus 22 errichtet. Verantwortlich für das Vorhaben war, wie bei fast allen Bauten des Ministeriums, der Baustab 110. Großzügig wurde auf den ehemaligen Gartenanlagen geplant und gebaut. Das Kasino fand seinen Platz auf dem Erdwall der alten Köhler'schen Schrotmühle, einst eine der seltenen Wippmühlen Preußens.

Das hochrangigen Offizieren des MfS vorbehaltene Gebäude, intern auch »Feldherrenhügel« genannt, wurde in der Neuen Sachlichkeit der DDR-Architektur gestaltet. Der schlichte zweistöckige Bau, der leicht erhöht auf dem Erdwall liegt, wird von einem Pultdach gedeckt. Über eine Treppenanlage gelangt man zum repräsentativen, in ganzer Höhe verglasten Eingangsbereich. Klar setzt sich dieser Glasrisalit von den hohen, die Fassade dominierenden Fensterreihen ab. Der Verköstigung der Offiziere diente der mit 200 Plätzen ausgestattete Speisesaal im Erdgeschoss. Im Obergeschoss wurden die Orden verliehen; ferner gab es hier einen Konferenzsaal für Festveranstaltungen und für die Dienstkonferenzen des Ministers. 1983 wurde das Haus 22, vor allem im Innenbereich, aufwendig renoviert.
ST

Kirchen
in Lichtenberg **8**

Kirchen
Marina Wesner

Lichtenberg ist eine relativ junge Stadtgründung, hat aber bereits viele verschiedene Regierungs- und Herrschaftsformen miterlebt. Die politischen Strukturen sowie die jeweiligen Gesellschaftsentwürfe beeinflussen den Bau von Sakralbauten direkt und indirekt. Im Folgenden sollen einige der Lichtenberger Kirchen noch einmal mit diesen politischen und gesellschaftlichen Entwicklungen in Zusammenhang gebracht werden.

Aber schon vor der Gründung der Stadt Lichtenberg gab es Kirchen in den Dörfern. Die ältesten Kirchen des Bezirks sind die noch existierenden Dorfkirchen. Typische Beispiele sind die Dorfkirche Lichtenberg und die Taborkirche von Hohenschönhausen.

Die Dorfkirche Lichtenberg auf dem Loeperplatz stammt aus dem 13. Jahrhundert und wurde während ihrer langen Geschichte mehrfach umgebaut. Trotzdem ist ihre Grundstruktur deutlich zu erkennen, ebenso die Lage innerhalb des ehemaligen Dorfgefüges, auf dem sogenannten Anger, auch wenn die Stadtstruktur durch die Großsiedlungsbauten der DDR stark verändert wurde. Die frühgotische Feldsteinkirche war ursprünglich ein schlichter Rechteckbau ohne Turm.

Ebenfalls auf das 13. Jahrhundert geht die Taborkirche in Hohenschönhausen zurück. Auch sie hat zahlreiche Um- und Anbauten erlebt, wobei die verschiedenen Phasen der Baugeschichte anhand der unterschiedlichen Steine und Mauerwerksfügungen gut zu erkennen sind. Sie ist eine der kleinsten Dorfkirchen Berlins und beherbergt im Inneren wertvolle alte Ausstattungsstücke. Im Gegensatz zur Dorfkirche Lichtenberg steht sie nicht auf einem Dorfanger, sondern auf einem Friedhof an einer Straßenkreuzung – im Dorfkern von Alt-Hohenschönhausen, einem Straßendorf.

Erlöserkirche
Evangelische Paul-Gerhardt-Kirchengemeinde Lichtenberg
Nöldnerstraße 43,
10317 Berlin
Architekten:
Conrad Wilhelm Hase
und Max Spitta
Bauzeit: 1890–1892
Baustil: an die Norddeutsche Backsteingotik angelehnt.

Conrad Wilhelm Hase
(02.10.1818–28.03.1902) genoss eine umfassende Ausbildung in Hannover und Bayern. Anschließend war er Mitarbeiter in der Bauabteilung der der hannoverschen Eisenbahn. Obwohl er nie eine Baumeisterprüfung ablegte, erhielt er 1849 zunächst ein provisorisches Lehramt, 1851 eine feste Stelle am Polytechnikum in Hannover, die er bis zu seinem Ruhestand 1894 innehatte. Parallel dazu gründete er 1862 die Niedersächsische Bauhütte Hannover und war lange Konsistorial-Baumeister. Gemeinsam mit Friedrich August Stüler und Christian Friedrich Leins arbeitete er das »Eisenacher Regulativ« aus.

Die Dorfkirchen wurden als Notwendigkeit zur Versorgung von kleinen dörflichen Gemeinden errichtet und stammen jeweils ungefähr aus der Gründungszeit der Siedlungen. An ihrer Lage kann noch heute die alte dörfliche Struktur abgelesen werden.

Vor einem völlig anderen Hintergrund entstand die Erlöserkirche in Rummelsburg. 1892 wurde sie als »Kirche der Kaiserin« eingeweiht. Kaiserin Auguste Viktoria setzte sich sehr für den Kirchenbau in der Stadt Berlin und den umliegenden Dörfern und Städten ein. Neben der religiösen Versorgung der Bevölkerung ging es ihr aber auch um eine Repräsentation des Kaiserreichs. Gleichzeitig galt die Religion als wirksames Mittel gegen die Gefahren der Sozialdemokratie. Man hoffte, die Menschen in kirchliche Aktivitäten einbinden und damit die Einflüsse der Sozialdemokraten und Sozialisten mindern zu können. Neben der Erlöserkirche, die sich am Stil der norddeutschen Backsteingotik orientierte und Platz für 1.000 Gläubige bot, wurde auch ein Gemeinde- und ein Krankenhaus gebaut, um zusätzlich zur geistlichen Seelsorge eine soziale Fürsorge zu gewährleisten. Angebote waren z. B. eine Suppenküche und eine »Kleinkinderverwahranstalt«. Die Architekten Hase und Spitta orientierten sich gemäß der Weisung von Ernst Freiherr von Mirbach an der von Hase errichteten Apostelkirche in Hannover.

Um die grundsätzlichen Ziele eines intensiveren Kirchenbaus umsetzen zu können, wurde zu dieser Zeit auch der Evangelische Kirchbauverein gegründet, der sich u. a. der Einwerbung von Spenden widmete und in den folgenden Jahren zahlreiche Kirchenbauten in Berlin realisieren ließ. Die erste der mit diesem Programm in Berlin errichteten Kirchen war die Erlöserkirche, der weitere 37 folgten.

Ebenfalls 1892 wurde die katholische St. Mauritius-Kirche eingeweiht, die unter ganz anderen Voraussetzungen finanziert und errichtet worden war. Initiiert wurde der Bau vom Fürstbischöflichen Stuhl in Breslau, der auch den Bauplatz finanzierte, der Bau selbst wurde mittels Spenden ermöglicht. Beauftragt wurde der Architekt Hasak, der in Berlin mehrere katholische Kirchen gestaltet hat. Er orientierte sich an der Heilig-Geist-Kapelle in Berlin-Mitte und nutzte Elemente der Neugotik.

Während die Stadtstruktur um die Erlöserkirche sich nicht wesentlich verändert hat, befindet sich die St. Mauritius-Kirche heute in einem völlig anderen Umfeld. Stand sie ursprünglich in einer relativ kleinteiligen Umgebung, so ist sie nun von Plattenbauten umgeben, so dass sich ihre Wirkung innerhalb der Stadt grundlegend gewandelt hat und sie wie ein merkwürdiges Relikt erscheint.

August Adolf Max Spitta
(13.07.1842–12.12.1902) legte 1872 seine Baumeisterprüfung ab. Kurz arbeitete er in der Berliner Magistratsbauverwaltung, danach in der Ministerial-Baukommission. In seiner weiteren beruflichen Laufbahn wechselte er zwischen Potsdam, dem Kultusministerium in Berlin und wiederum der Magistratsbauverwaltung. Er war häufig für Kirchenbauten zuständig und als Architekt u. a. verantwortlich für die Neue Nazarethkirche auf dem Leopoldplatz, die Golgathakirche und die Gnadenkirche, beide in Berlin-Mitte.

LIMEX
DDR-Außenhandelsbetrieb; der Geschäfte mit ausländischen Firmen abwickelte. Im Kirchenbau kamen dabei die finanziellen Mittel und mitunter auch das Material aus dem Westen.

St. Mauritius-Kirche
Katholische St. Mauritius-Gemeinde Berlin
Mauritiuskirchstraße 1, 10365 Berlin
Architekt: Max Hasak
Bauzeit: 1891/92
Baustil: Neugotik

Max Hasak
(15.02.1856–14.09.1934) legte 1883 an der Berliner Bauakademie sein Baumeisterexamen ab. Er arbeitete ab 1884 in der Ministerialkommission in Berlin, war für zahlreiche Reichsbankbauten in Deutschland und später auch für Kirchenbauten verantwortlich. 1906 trat er aus dem Staatsdienst aus und war danach als Privatarchitekt tätig. Eine seiner ersten Arbeiten im Bereich katholischer Sakralbauten war die Bekrönung der St.-Hedwigs-Kathedrale mit einer Laterne. Hasak wirkte auch als Kunsthistoriker und veröffentlichte zahlreiche Schriften.

In der Zeit des Nationalsozialismus veränderten sich die Kirchenbauten erneut. Der sogenannte Heimatstil begann vermehrt Einfluss auf die Gestaltung zu nehmen, die Neue Sachlichkeit und der Expressionismus sind in Details oder im Innenraum zu finden. Der antikirchlichen Haltung der nationalsozialistischen Regierung wegen oblag auch die Finanzierung der Bauten den Kirchen. St. Konrad von Parzham ist eine der wenigen deutschen Kirchen, die während des Zweiten Weltkriegs eingeweiht werden konnten.

Zur Zeit der DDR hatten es die beiden großen Kirchen schwer, in der Gesellschaft sichtbar zu bleiben. In den 1970er Jahren bot sich jedoch die Möglichkeit, neue Kirchen in »neuen Städten« zu bauen. Diese Bauten wurden zumeist von den Architekten der Bauakademie geplant, von den Kirchen in Westdeutschland finanziert und von dem Außenhandelsunternehmen Limex errichtet. Die Bauten wurden als Gemeindezentren konzipiert. Aufgrund einer für die DDR untypischen Mischung von Materialien – Beton, Holz und Mauerwerk – waren die Kirchen als Sonderbauten für alle gut sichtbar und erkennbar.

Kam es in der historischen Entwicklung häufig dazu, dass sich Tochtergemeinden von Muttergemeinden abspalteten, so schließen sich heutzutage die Gemeinden wieder zusammen. Auffällig ist, dass vielfach Tochtergemeinden zu ihrer Muttergemeinde zurückkehren. Ein Beispiel dafür ist die heutige katholische Heilig-Kreuz-Gemeinde, die aus zwei Gemeinden – Heilig Kreuz und der Tochter St. Konrad von Parzham – hervorgegangen ist.

Neben den Gemeindefusionen kann Lichtenberg aber auch einen der wenigen Kirchenneubauten nach der Wiedervereinigung vorweisen. Die Kirche Wartenberg wurde im Jahr 2000 eingeweiht und ist mit ihrer ovalen Grundform sowie der Verbindung von Kirche und Gemeinderäumen ein gelungener und beeindruckender Neubau. Im gleichen Jahr fand die Einweihung eines zweiten Kirchenbaus statt: die der Kapelle der Versöhnung an der Bernauer Straße. Diese weist ebenfalls eine ovale Grundrissfigur auf, ansonsten bestehen zwischen den Bauten kaum Gemeinsamkeiten.

Kirche St. Marien (Unbefleckte Empfängnis)

72

Kirche St. Marien (Unbefleckte Empfängnis)
Gundelfinger Straße 36,
10318 Berlin
Architekt:
Clemens Lohmer
Baubeginn: 1935
Einweihung:
27. Juni 1937,
23. März 1952

Seit 1909 existiert ein Pfarrhaus mit integrierter Kapelle, erst 1935 konnte Lohmer mit dem Bau einer dreischiffigen Basilika beginnen. Er orientierte sich an den altrömischen Basiliken, wobei auch expressionistische Einflüsse sichtbar sind.

Die Kirche steht von der Straße zurückgesetzt und bildet zusammen mit dem Pfarrhaus und rhythmischen Arkaden einen Vorplatz aus. Der Bau ist geprägt vom Rüdersdorfer Kalkbruchstein, den Eingang fassen vier vorgesetzte Säulen mit den Evangelistensymbolen ein, über denen in einladender Haltung Maria als Hochrelief schwebt.

Im Krieg wurde die Kirche kaum beschädigt – wie auch Karlshorst insgesamt relativ glimpflich davonkam. Trotzdem konnten die Gläubigen die Kirche erst 1950 wieder in Besitz nehmen, da bis Ende 1949 die sowjetische Kommandantur ganze Straßenzüge für sich vereinnahmte. 1950–1952 wurde die Kirche renoviert und konnte am 23. März 1952 wieder eingeweiht werden.

Im Inneren ist die architektonische Gestaltung schlicht, die flacheren Seitenschiffe sind zum Langhaus hin mit Rundbogenarkaden abgesetzt, die Decken als flache Holzdecken ausgebildet. Beeindruckend ist das dreiteilige Altarfenster, das 1993 nach Entwürfen der Künstlerin Helga Lingnau-Sacks gefertigt wurde. Altar, Ambo und Osterleuchter schuf Paul Brandenburg.
MW

73 Katholische Pfarrkirche St. Konrad

Katholische Pfarrkirche St. Konrad
Ahrensfelder Chaussee 79/80, 13057 Berlin
Architekt: Josef Bachem
Altarbilder: Ruth Schaumann
Bauzeit: 1939/40
Konsekration: 21. April 1940
Tochter von Heilig Kreuz

Die Kirche St. Konrad war die letzte katholische Kirche, mit deren Bau vor dem Zweiten Weltkrieg begonnen wurde. Sie wurde nicht nur während des Krieges eingeweiht, auch die Orgel konnte anschließend eingebaut und 1943 geweiht werden.

Josef Bachem
Von dem Architekten Josef Bachem (30.06.1881–03.04.1946) sind nur wenige Bauten bekannt. Als Vertreter des Expressionismus und der klassischen Moderne entwarf er einige Villen und Wohnhäuser sowie mehrere Kirchenbauten. Seine Berliner Kirche St. Konrad ist ein relativ unauffälliger Bau, prägnanter sind z. B. St. Martin in Kaulsdorf und Maria Hilf in Herzfelde.

Der rechteckige Bau wird geprägt von einem weit heruntergezogenen Satteldach und einem zwiebelturmgekrönten Dachreiter. Die Verbindung mit einer verputzten Fassade und schlichten, schlanken Rundbogenfenstern verleiht der Kirche eine ländliche Ausstrahlung. Der Eingangsbereich weist als besonderes Element ein aus der Fassade hervorgezogenes Kreuz auf, dessen Querbalken das Vordach trägt.

Der Innenraum lässt mit seinen spitzbogigen Bindern Ideen des Expressionismus als Gegensatz zum äußeren Bild erkennen. Die Kirche wurde damals auf freiem Feld errichtet. Die heutige Einfamilienhaus-Bebauung zeigt eindrücklich, wie zurückhaltend die Gestaltung ist, wie der Bau sich jetzt unauffällig in die ihn umgebende Bebauung einfügt.

Das Altarbild wurde von Ruth Schaumann in der Art mittelalterlicher Tafelbilder gestaltet. Sie war Bildhauerin, Lyrikerin und Schriftstellerin. Da ihr Ehemann dem Nationalsozialismus ablehnend gegenüberstand, galt die Kunst der nach einer Krankheit im Kindesalter erblindeten Künstlerin seit 1935 als »entartet«.

MW

Neuapostolische Kirche

74

Neuapostolische Kirche
Münsterlandstraße 50,
10317 Berlin
Architekten:
Architektenteam
Professor Erhardt Gißke
Bauzeit:
1977/78

Bereits seit 1932 hatte die Neuapostolische Kirche ein eigenes Gotteshaus in der Normannenstraße, von August Nerlich im Stil der Neuen Sachlichkeit errichtet. Es wurde beim Ausbau des Geländes der Staatssicherheit um den Roedeliusplatz, ebenso wie die umliegende Bebauung von Bruno Taut, in den 1970er Jahren gesprengt. Die Gemeinde erhielt einen Ausgleichsbau auf einem Grundstück am Münsterlandplatz, das zuvor der katholischen Kirche gehört hatte. Dieses Entgegenkommen des Staates könnte daran liegen, dass sich die Neuapostolische Kirche als politisch neutral bezeichnete und daher in der DDR relativ unbehelligt agieren konnte.

Der Neubau ist ein standardisierter Hallenbau, der erst in den 1990er Jahren einen Fassadenputz und ein Schieferdach erhielt. Die Kirche besteht aus einer großen rechteckigen Halle und einem vorgelagerten kubischen Eingangsbereich. Die »Langhauswände« werden durch vertikale, farbig gestaltete Fenster gegliedert. Um den vergleichsweise exponierten Standort des Kirchengebäudes am Münsterlandplatz zu relativieren, liegt der Eingang von den Straßen abgewandt. Zusätzlich weist das Gebäude äußerlich kaum sakrale Merkmale auf, nur das typische Kreuzsymbol mit Wasser und Sonne wurde auf der seitlichen Fassade angebracht. Durch den Baumbestand ist das Gebäude noch weiter in den Hintergrund gerückt.

MW

1979 gesprengt: Die Neuapostolische Kirche in der Normannenstraße

75 Kirche Zum Guten Hirten

Die Kirche Zum Guten Hirten entstand mit Hilfe des Limex-Programms. Zwar besaß die Gemeinde eine Kirche von 1906, die, im Krieg zerstört und anschließend wiederaufgebaut, 1964 entsprechend der Liturgiereform umgebaut wurde. Trotzdem profitierte sie von den Bautätigkeiten in der Umgebung, z. B. im Hans-Loch-Viertel, und erhielt eine neue Kirche, die 1985 eingeweiht wurde. Die alte wurde 1983 abgetragen.

Die Kirche wurde als zweischiffiger Stahlbetonbau errichtet. Zeltartige Tetraeder stehen zueinander verschoben und bilden einen markanten Baukörper. Auffällig ist eine geschlossene hohe Wand zur Straße hin, die nur mit einem schlichten Schriftzug auf die Nutzung als Sakralgebäude hinweist. Von der Straße abgewandt liegen Eingang und Turm, die architektonische Figur wird von dieser Seite aus am deutlichsten.

Kirche Zum Guten Hirten
Kurze Straße 4
10315 Berlin
(Friedrichsfelde)
Architekten: Rainer Rietsch, Walter Krüger, Bernd Stich
Bauzeit 1982–1985

Die Fassaden sind weitgehend rot verklinkert, das Dach mit Zinkscharen gedeckt. Im Gegensatz dazu sind die Wände im Innenraum hell, die Schalungsstruktur ist erkennbar, die Decke dunkel getäfelt. Mittels dieser Materialität konnte in der ehemaligen DDR die Bedeutung des Baus hervorgehoben werden.

Die farbigen Fenster von Günter Grohs wurden 1988/89 eingebaut. Der Kreuzweg und das Kreuz von Bittner wurden aus dem Vorgängerbau geborgen und in die neue Kirche gebracht. MW

Gemeindezentrum Am Fennpfuhl

76

Gemeindezentrum Am Fennpfuhl
Paul-Junius-Straße 75
10369 Berlin
Architekt: Horst Göbel
(Bauakademie der DDR)
Grundsteinlegung:
25. April 1982
Einweihung:
8. September 1984

1972 wurde mit Baumaßnahmen für die neue Großsiedlung um den Fennpfuhl begonnen. 1976 konnte dort eine Kirchengemeinde gegründet werden, deren Mitglieder sich in den Räumen der Muttergemeinde, in Privatwohnungen und einer Gemeindebaracke trafen.

Die Fennpfuhl-Gemeinde erhielt 1984 das erste Gemeindezentrum in einem Berliner Neubaugebiet. Horst Göbel plante einen Gebäudekomplex mit achteckigem Kirchenraum, einem markanten zeltartigen Dach und einem großzügigen Eingangsbereich, der sich an den Kirchenraum anschloss und teilweise in diesen integrieren ließ. Weitere Gemeinde- und Funktionsräume gruppieren sich um dieses Foyer.

Der eingeschossige Komplex ist in Klinkermauerwerk ausgeführt, das Kirchendach mit Kupfer gedeckt. Es gibt keinen Kirch- oder Glockenturm, so dass die Kirche deutlich niedriger als die umliegende Bebauung bleibt.

Der Wände des Kirchenraums sind unverputzt, die Decke vertäfelt. Die Ausstattungsstücke aus Holz stammen von Friedrich Press, der auch die Ausstattung der katholischen Heilig-Kreuz-Kirche verantwortete.

Trotz der offiziellen Adresse Paul-Junius-Straße bezieht sich die Organisation der Zuwegung eher auf den angrenzenden Fennpfuhlpark. Die Gemeinde war in den 1980ern politisch aktiv, in der Kirche gründete sich z. B. 1985 der Arbeitskreis Solidarische Kirche.
MW

77 Katholische Kirche Heilig Kreuz

Katholische Kirche
Heilig Kreuz
Malchower Weg 22
13053 Berlin
Architekten:
Siegfried Schüller
und Waldemar Schwarz
Bildhauer: Friedrich Press
Bauzeit: 1988
Konsekration:
13. November 1988
Orgelbauer: Fleiter

Friedrich Press
(07.09.1904–05.02.1990) war ein Dresdner Maler und Bildhauer. Während der NS-Zeit galt seine Kunst als »entartet«, eine seiner Ausstellungen wurde 1933 abgebrochen.

1946 kehrte er aus der Kriegsgefangenschaft zurück und ließ sich in Dresden nieder. Sein Schwerpunkt war nun die sakrale Kunst. Dementsprechend erhielt er so gut wie keine staatlichen Aufträge.

Sein bekanntestes Werk ist die über 4 m hohe Pieta in der Katholischen Hofkirche in Dresden.

Die Kuratie Heilig Kreuz, obwohl schon 1932 gegründet, hatte bis 1988 keine eigene Kirche. Bis in die 1970er Jahre schrumpfte die Gemeinde, wuchs aber mit den Hohenschönhauser Neubauten so stark an, dass ein Gemeindezentrum mit einer ersten eigenen Kirche notwendig wurde. Diese wurde 1988 eingeweiht.

Errichtet wurde die Kirche, als vierte und letzte katholische Kirche Berlins, mit Hilfe des Limex-Programms. Bei Planung und Umsetzung arbeiteten die Architekten der Berliner Bauakademie intensiv mit dem Theologen der Gemeinde und Friedrich Press zusammen. Es entstand ein oktogonaler Saalbau mit einem Satteldach, dem die Grundform des Gebäudes eine zeltartige Ausstrahlung verleiht. Prägendes Element ist der vorgestellte Kirchturm mit seinem monumentalen Ziegelkreuz. In der Fassade wechseln sich weißer Putz und rote Ziegel ab. Die zeltförmige Gestaltung ist typisch für Kirchenneubauten im Ostteil Berlins und verweist auf den Gedanken, die Kirche sei *»ein Zelt Gottes unter den Menschen«* (Apok. 21:3).

Im Innenraum betonte Press die Längsachse auf besondere Art: Der Taufbrunnen mit fließendem Wasser und der Osterleuchter unterbrechen den Weg zum Altar, ein vertikaler Riss in der Altarwand symbolisiert die »Sprengkraft des Kreuzes«. Von oben einfallendes Licht kündet von der österlichen Herrlichkeit.

MW

Kirche Wartenberg

78

Kirche Wartenberg
Falkenberger Chaussee 93
13059 Berlin
Architekt: Arnold Ernst
Grundsteinlegung: 1998
Einweihung: 19. Januar 2000

Die ursprüngliche Dorfkirche Wartenberg stammte aus dem 13. Jahrhundert und wurde am 21. April 1945 von der Wehrmacht gesprengt, damit die anrückende Sowjetarmee sie nicht nutzen konnte. Nach dem Krieg wurde die Kirche vollständig abgeräumt.

Die neue Kirche wurde in Form einer Ellipse mit einem frei danebenstehenden Kampanile errichtet. Das Kirchengebäude ist in drei Bereiche eingeteilt, die schon von außen anhand der Anordnung und Größe der Fenster in Erscheinung treten. So ist der Kirchensaal an der östlichen Schmalseite an den hohen Kirchenfenstern zu erkennen. Im Westbereich sind Gemeinderäume untergebracht, beide Bereiche sind durch ein Foyer verbunden. Diese Anordnung versinnbildlicht die Verbindung der Aufgabenbereiche einer Gemeinde, die sich in Seelsorge und Arbeit mit den Menschen widerspiegeln.

Der Kirchenraum hat eine markante weiße Decke, die sich gegenläufig in den Raum wölbt und so das Licht des umlaufenden Fensterbandes reflektiert. Zusätzlich gibt es vertikale Fensterbänder, die ungegenständlich, aber doch ikonografisch erkennbar von Helge Warme gestaltet wurden. Die Prinzipalien wurden nach Vorgaben von Anna Franziska Schwarzbach aus Gusseisen hergestellt. Dieses Material ist für Brandenburg-Preußen typisch und eine Referenz auf die Geschichte der Gemeinde. MW

Anna Franziska Schwarzbach
(geb. 21. September 1949) ist Architektin, Medailleurin und Bildhauerin. Nach einem Studium der Architektur an der Kunsthochschule Weißensee war sie als Architektin in die Planungen zum Palast der Republik involviert. Nach einem Abendstudium der Porträtplastik arbeitet sie seit 1977 als freischaffende Bildhauerin. Skulpturen von ihr finden sich z. B. auf dem Ostseeplatz und an der Marienburger Straße.

79 Gemeindehaus Schottstraße

Gemeindehaus Schottstraße
Schottstraße 6
10365 Berlin
Architekten:
Hans Claus
und Richard Schepke
Bauzeit:
1927/28

Hans Claus und Richard Schepke
Hans Claus (Regierungsbaumeister) und Richard Schepke (Architekt BDA) hatten zusammen ein Architekturbüro. Sie arbeiteten mehrfach für die Berliner-Kindl-Brauerei, ihre Bauwerke stehen sowohl auf dem Brauereigelände am Brauhausberg als auch auf denen in Hohenschönhausen und Neukölln.

Das Gebäude entstand als Gemeindehaus der Glaubensgemeinde. Zusätzlich wurde auf dem Hof ein Gemeindesaal errichtet, der mit dem Haupthaus verbunden ist.

Prägend sind die Kombination von grünem Putz für die Fassade der Obergeschosse und Klinkern im Erdgeschossbereich, die verklinkerten Erker sowie das spitzbogige Portal.

Zur Zeit der DDR stand das Haus bis in die 1970er Jahre hinein dem VEB Agrochemiehandel Berlin zur Verfügung. Anschließend erhielt die Gemeinde das Gebäude zurück.

Heute nutzt es die Superintendentur des Kirchenkreises Lichtenberg-Oberspree, der hofseitige Anbau beherbergt einen Kindergarten. MW

Industrieller Wohnungsbau in Lichtenberg

9

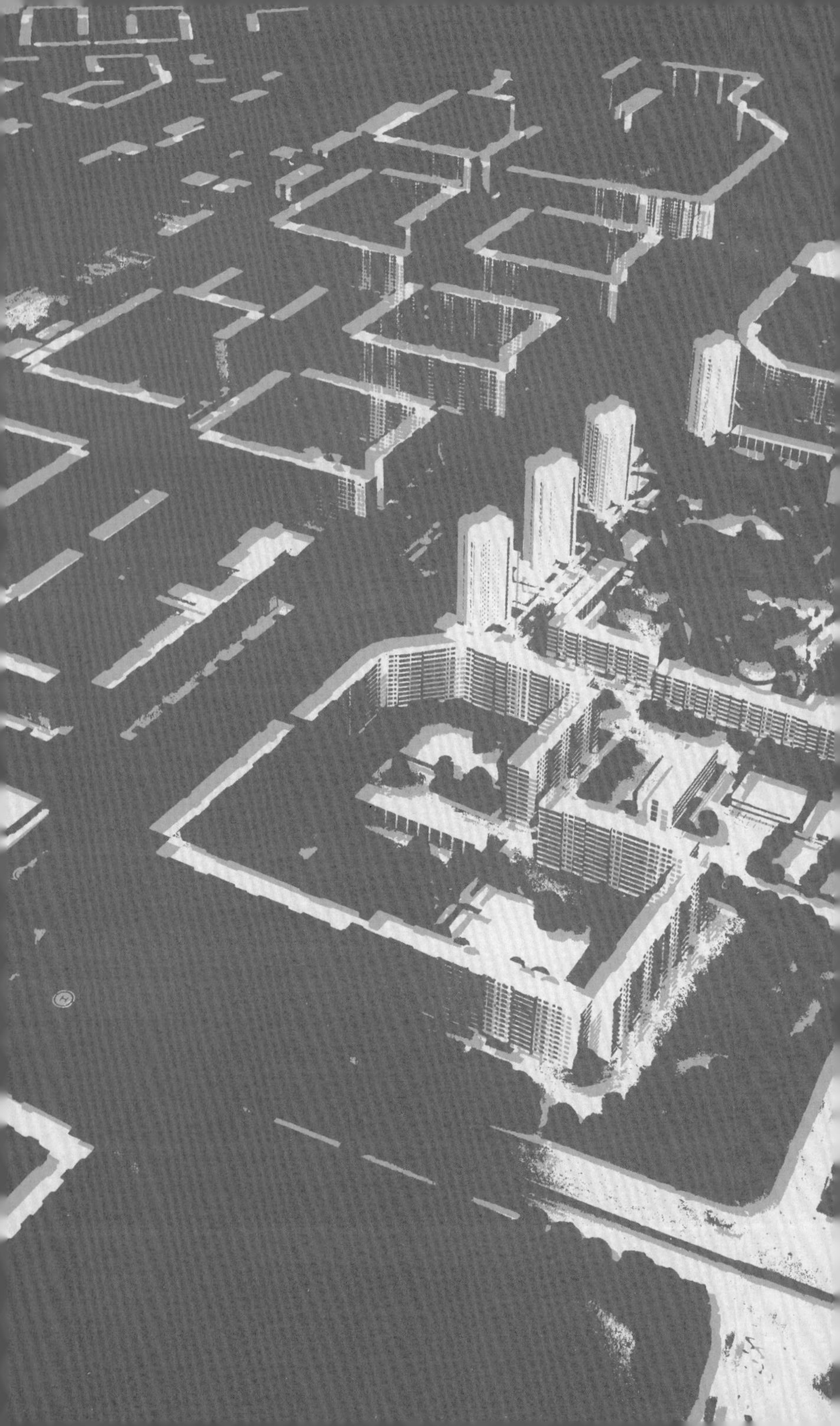

Industrieller Wohnungsbau in Berlin-Lichtenberg

Bruno Flierl

Der im Osten von Berlin gelegene heutige Bezirk Lichtenberg – ursprünglich entstanden als selbständiger Ort am äußeren Rand von Berlin, später Teil von Berlin geworden – entwickelte sich im Prozess der Großstadt-Werdung Berlins seit dem Ende des 19. Jahrhunderts, vor allem aber seit 1920, durch Erweiterung und Verdichtung in oft nicht vorausgeplanten Etappen mit neuen Standorten der Industrie und des Wohnens auf einem kommunal-politisch mehrfach vergrößerten Territorium sowie durch den Ausbau seiner Verkehrsverbindungen zu einem Stück Berlin mit inzwischen ca. 275.000 (Stand Ende 2015) Einwohnern. Von ihnen leben heute 70% in industriell gefertigten Wohngebäuden, die zur Zeit der DDR zwischen 1962 und 1990 gebaut wurden.

Komplexer Wohnungsbau im Wohngebiet Fennpfuhl: Neben Wohnhäusern wurden Schulen, Kindergärten, Altersheime, Kaufhallen und Dienstleistungsgebäude errichtet.

Diese wechselvolle Geschichte des Stadtbezirks Berlin-Lichtenberg macht es Bewohnern und Berufstätigen wie auch Besuchern oft nicht gerade leicht, sich in diesem Bezirk zu orientieren und mit ihm zu identifizieren: als Ganzes für sich selbst wie als Teil von Berlin – stadträumlich und stadtgesellschaftlich. Und dennoch gibt es charakteristische Merkmale, die diesen Bezirk insgesamt identifizieren. Dazu gehört einmal: das zumeist aus der Vergangenheit stammende Stadtgrün in Parks, Krankenhausanlagen und an den für Lichtenberg typischen Pfuhlen, zum anderen aber der zur Zeit der DDR entstandene industrielle Massenwohnungsbau, der wie in anderen Teilen von Ost-Berlin stadtbild-bestimmend geworden ist.

Plastiken als akzentuierende Elemente in städtischen Räumen. Wohngebiet am Tierpark gegenüber dem Bärenschaufenster

Erste praktische Versuche, den Schritt vom traditionellen zum industriellen Bauen zu tun, gab es in Deutschland bereits in den 1920er Jahren – und zwar in Berlin-Lichtenberg: mit den von Berlins Stadtbaurat Martin Wagner 1926 realisierten zwei- bis dreigeschossigen Wohnbauten aus Großplatten an der jetzigen Sewanstaße in Friedrichsfelde, die noch heute zu besichtigen sind, jedoch keine Nachfolge fanden. Auch die von Ernst May in Frankfurt am Main in den 1920er Jahren unternommenen Versuche, industriellen Wohnungsbau einzuführen, blieben Experiment. Erst nach dem Zweiten Weltkrieg gelangte der industrielle Wohnungsbau in großem Maßstab zum Erfolg: beim Aufbau der zerstörten Städte in Europa, vor allem in der Sowjetunion und in Frankreich, nicht zuletzt auch in der DDR. Den Startschuss dazu gab die erste Baukonferenz 1955 mit ihrem Beschluss zur Einführung der industriellen Bauproduktion im Wohnungsbau.

Bereits ein Jahr später hätte es dafür einen geradezu internationalen »Einstieg« gegeben. Völlig überraschend war es nämlich – wie in einer Pause im Kalten Krieg der verfeindeten Weltmächte USA und UdSSR wie auch der mit ihnen verbundenen beiden deutschen Staaten – zu einem gesamtdeutschen Städtebau-und Architektur-Wettbewerb für das im Ostberliner Stadtbezirk Lichtenberg gelegene Gebiet Fennpfuhl gekommen, bei dem der westdeutsche Architekt Ernst May den 1. Preis erhalten hatte. Was für eine Aussicht: mit dem seit langem auf Industrialisierung des Bauens orientierten Architekten Ernst May die jüngst gefassten Beschlüsse des DDR-Bauwesens zur Industrialisierung experimentell umzusetzen! Dass daraus nichts wurde, lag an einer allzu bald folgenden erneuten Zuspitzung im Kalten Krieg und daraus entstehenden neuen »Eiszeit«.

Individuelle Gestaltung der Loggien durch die Mieter eines Neubaublocks

Trotzdem wurde der Ort Fennpfuhl in Berlin-Lichtenberg 1962 mit dem Experimental- Bau der Serie P2 zum Geburtsort des massenhaften industriellen Großplatten-Baus in der DDR. Dieser Serie folgte 1973 die Wohnungsbauserie WBS 70, die zuerst in Neubrandenburg, dann in Berlin ebenfalls zuerst im Stadtbezirk Lichtenberg erprobt wurde und anschließend zur meist gebauten Großplatten-Serie im Wohnungsbau im ganzen Land avancierte und so das Bild der gebauten DDR maßgeblich prägte. Vor diesen Serien war industrieller Wohnungsbau im Stadtbezirk Berlin-Lichtenberg schon Ende der 1950er Jahre nach der Serie Q3A, so in Karlshorst, realisiert worden. Später kamen dann an mehreren Orten auch vielgeschossige Wohnhausscheiben Wohnturmhochhäuser hinzu.

Der industrielle Wohnungsbau in der DDR – auch in Berlin-Lichtenberg – war das Resultat eines gesellschaftlich geplanten, finanzierten und bautechnisch realisierten Programms zur Schaffung einer funktionell komplex ausgestatteten und gestalteten sozial-räumlichen Wohnumwelt der Menschen in städtebaulicher Dimension – mit sozialverträglicher Miete: kaum mehr als eine DDR-Mark pro Quadratmeter für die Mieter einer Wohneinheit. Das sollte auch heute im vereinten Deutschland historisch nicht gering geschätzt werden. Typisch DDR war ebenfalls, das viele Bewohner, denen das technisch-geometrische Raster ihrer industriell errichteten Wohngebäude von außen zu monoton erschienen und eben deshalb nicht behagte, ihre Loggien nach ihren eigenen individuellen ästhetischen Vorstellungen von Beheimatung umgestalteten, bis sie wie andere Mieter auch im Bild der Stadt erkennbar waren: so gut oder nicht gut auch immer ihnen das gelang. Diese als Loggienmalerei bezeichnete Gestaltungspraxis im industriellen Wohnungsbau, auch wenn sie dem DDR-Bauwesen oft nicht gefiel, gehörte so sehr zum Leben der Menschen in der DDR, dass niemand sie zu verbieten wagte.

80 Hohenschönhausen

Realisierungszeitraum:
1982–1989

Lage:
zwischen dem Dorf Wartenberg im Norden, dem Dorf Falkenberg und Industriegebieten im Osten, Eigenheimsiedlungen im Süden und Südwesten und dem Dorf Malchow im Nordwesten, beidseitig des Berliner Außenrings

Die Großsiedlung Hohenschönhausen-Nord zwischen Wartenberg, Falkenberg und Malchow geht auf das Anfang der 1970er Jahre als »Kernstück der Sozialpolitik« beschlossene SED-Wohnungsbauprogramm zurück. Ihre Planung auf vormals für Landwirtschaft und Rieselfelder genutztem Gelände stand unter der Leitung von Peter Schweizer. Der Gesamtentwurf wurde im Frühjahr 1982 veröffentlicht; im Februar 1984 legte der Staatsratsvorsitzende Erich Honecker persönlich den Grundstein. Der städtebauliche Aufbau folgt der Falkenberger Chaussee in Ostwestrichtung und dem von Süd nach Nord verlaufenden Berliner Außenring, den seit 1984 eine 5,5 km lange S-Bahn-Anbindung an das Stadtzentrum begleitet. Die Verkehrswege kreuzen sich am S-Bahnhof Hohenschönhausen, nahe dem Hauptzentrum Prerower Platz, und unterteilen die Großsiedlung in vier Wohngebiete mit eigenen Nahversorgungszentren.

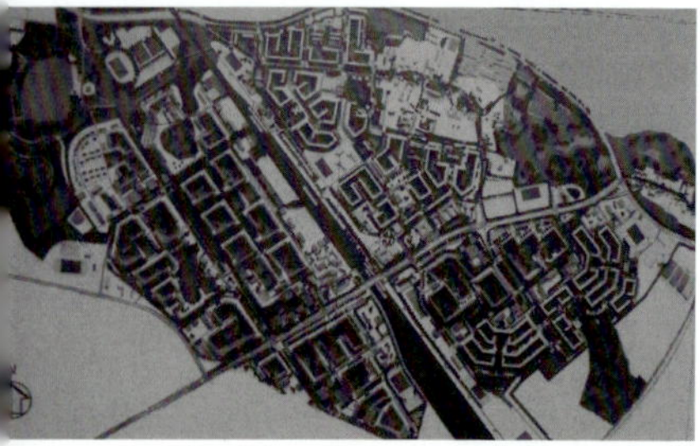

Die Wohnhäuser weisen fünf bis maximal 22 Geschosse auf. Die Gebäudehöhen, geringer im Übergang zu vorhandenen Siedlungsgebieten, nehmen im Inneren der Wohnkomplexe tendenziell zu. Insgesamt dominieren fünf-, sechs- und elfgeschossige Gebäude. Punkthochhäuser finden sich in Wohngebietszentren oder an Hauptverkehrsstraßen. Die innere Struktur prägen geschlossene Wohnhöfe mit einheitlicher Traufhöhe.

Größe:
rund 29.600 Wohneinheiten auf einer Fläche von etwa 330 ha

Maßgeblich beteiligte Architekten und Planer:
Gesamtleitung: Peter Schweizer
WG »Zingster Straße« und »Mühlengrund«: Christina Lindemann, Frank Richter, Thomas Bernhardt, Walter Wenzel;
WG »Vincent-van-Gogh-Straße«: Jörg Piesel, Frank Richter, Jörg Räder, Ulrich Dittebrandt;

Errichtet wurden die meisten Wohngebäude auf Grundlage der WBS 70 (sechs und elf Geschosse), als Punkthäuser mit zwölf (Typ »Frankfurt/Oder«) oder in Großtafelbauweise mit 18 Geschossen (Typ »Ernst-Thälmann-Park«). Im Viertel rund um die Vincent-van-Gogh-Straße kam eine Weiterentwicklung der WBS 70 zur Anwendung: Das System »WBS 85«, auch »WBS Berlin/5, 6«, sollte Kosten- und Materialaufwand minimieren und neue Raumbildungen ermöglichen. Geschlossene Ecken, Loggien und Durchgänge zu den Höfen kennzeichnen die fünf- und sechsgeschossigen Blöcke. Für das Großprojekt wurden neben dem Wohnungsbaukombinat (WBK) Berlin auch Betriebe aus anderen DDR-Bezirken herangezogen. Daran erinnern nicht nur nach Orten und Gewässern der Herkunftsbezirke benannte Straßen, sondern auch Nuancen in der Architektur. Die Quartiere nördlich der Falkenberger Chaussee, maßgeblich vom WBK Rostock sowie Bauarbeitern aus Schwerin und Neubrandenburg erbaut, basieren auf den Baukästen der Nordbezirke und weisen geschwungene Formen an Balkonen und Eingängen sowie Klinkerverkleidungen (heute nicht mehr sichtbar) auf.

Bis zum Mauerfall wurden in Hohenschönhausen-Nord knapp 30.000 Wohnungen für rund 90.000 Menschen realisiert, Abstriche mussten zum Teil bei den Wohnfolgeeinrichtungen gemacht werden. Noch zu DDR-Zeiten verwirklicht wurden Kinderkombinationen, Polytechnische Oberschulen, Turnhallen, Kaufhallen, Wohngebietsgaststätten und Dienstleistungsgebäude. Am Prerower Platz entstanden nach individuellen Entwürfen des Kollektivs Eisentraut das Handelshaus, die Anna-Seghers-Bibliothek und ein Postamt. Weitere wichtige Versorgungsgebäude waren Poliklinik, Apotheke und Schwimmhalle. Anders als in früheren Großsiedlungen gelang es, die Infrastruktur größtenteils parallel zum oder sogar vor dem Wohnungsbau (z. B. die S-Bahn zur Innenstadt oder die Straßenbahntrasse Gehrenseestraße – Zingster Straße von 1984) fertigzustellen.

WG »Krummer Pfuhl«: Frank Richter, Arndt Zintler, Wolfgang Schulze und Gerhard Richard (Rostock), Traute Kadzioch und Ulriche Kache (Schwerin), Günther Gisder und Klaus Ehlert (Neubrandenburg), Dieter Urban (Frankfurt/Oder) Freiflächenplanung: Erhard Stefke

Es wurden 1- bis 5-Raum-Wohnungen mit einer Durchschnittsgröße von 61 qm gebaut. Von den insgesamt 29.630 Wohnungen umfassten nach Baufertigstellung 44 % drei, jeweils rund 18 % ein, zwei und vier sowie 1,5 % fünf Räume

Infolge von Sanierung und Umbau sind nur wenige Gebäude im bauzeitlichen Zustand erhalten. Völlig verändert ist das Zentrum um den Prerower Platz, wo nun das Linden-Center (1995) dominiert. Den architekturhistorischen Wert der Großsiedlung bestimmen vor allem die für ihre Zeit typischen Großstrukturen, die mit ihren im Vergleich zu früheren Bauprojekten engen Straßenräumen gleichzeitig eine Hinwendung zum traditionellen Stadtbild mit Blockrandbebauung und Funktionsmischung darstellen (z. B. Einzelhandelsflächen, die sogenannten Funktionsunterlagerungen, in der Zingster Straße). Zu den punktuell erhaltenen DDR-Gestaltungen gehört der 2014 restaurierte Mühlengrundbrunnen von Achim Kühn. Dieser ist nach wie vor ein beliebter Treffpunkt im Wohnquartier um die Straße Rotkamp.
BR

81 Fennpfuhl

Realisierungszeitraum:
1972-1986

Lage:
Nördlich des Lichtenberger Dorfkerns zwischen Ringbahn und Hohenschönhausen

Erste Planungen für eine bauliche Erschließung der Gegend rund um das namensgebende Gewässer Fennpfuhl wurden Mitte der 1950er Jahre aufgenommen. Das Areal bot sich für eine weiträumige Wohnbebauung an, da es kaum bebaut war, gleichzeitig aber mit der westlich verlaufenden Ringbahn bereits über eine gute Anbindung an den öffentlichen Nahverkehr verfügte. Der 1956/57 durchgeführte städtebauliche Wettbewerb blieb allerdings ohne Folgen. Dem Siegerentwurf von Ernst May fehlte nach Ansicht der Entscheidungsträger der Bezug zum »sozialistischen Städtebau«.

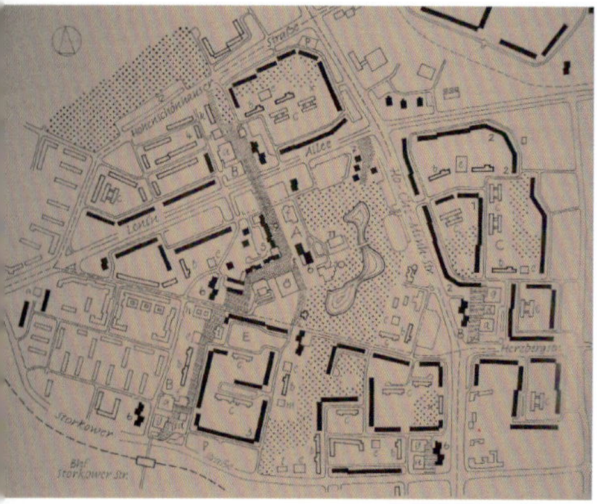

Größe:
ca. 15.500 Wohneinheiten.
Fläche ca. 175 ha

Maßgeblich beteiligte Architekten und Planer:
Städtebau: Joachim Näther, Peter Schweizer
Leitung Hochbau: Heinz Graffunder (bis 1972), Lothar Köhler (ab 1972), Roland Korn
WG 1: Dieter Rühle;
WG 2: Jörg Piesel;
WG 3: Walter Wenzel
Freiflächenplanung: Hans-Eberhardt Horn

Erst Ende der 1960er Jahre geriet das Gelände der heutigen Großsiedlung angesichts einer akuten Wohnungsnot in Ost-Berlin wieder in den Blick der Stadtplaner. Als Vorteil des Standorts erwies sich nun zusätzlich die attraktive Nähe zum im Aufbau befindlichen Industriegebiet Lichtenberg Nord-Ost mit den zahlreichen dort entstehenden Arbeitsplätzen. Wenig später begannen die konkreten Planungen für das bis dahin größte einheitlich geplante Wohngebiet in der DDR, das später als Vorbild für die noch größeren Siedlungen Marzahn, Hellersdorf und Hohenschönhausen dienen sollte. Die maßgeblich unter Leitung von Joachim Näther und Peter Schweizer ausgearbeitete städtebauliche Konzeption basierte auf der Aufteilung des Baugebiets in drei funktional in sich geschlossene Wohngebiete mit eigenen Versorgungszentren an Verkehrsknotenpunkten. Im Mittelpunkt des neuen Stadtteils projektierten die Planer auf einem dreiecksförmigen Grundstück außerdem ein gesellschaftliches Hauptzentrum mit dem Anton-Saefkow-Platz und dem ca. 14 ha großen Fennpfuhlpark. Ein Lederkontor aus dem ausgehenden 19. Jahrhundert und eine Villa von 1906 wurden dabei in das Ensemble integriert. Die Haupterschließung für den motorisierten Verkehr sollten die in Ost-West-Richtung verlaufende Landsberger Allee sowie der von Süden nach Norden führende Weißenseer Weg übernehmen. Des Weiteren wurde ein straßenunabhängig geführtes Fußgängernetz mit einer Hauptfußgängerachse vom S-Bahnhof Storkower Straße durch das WG 3 zum zentralen Anton-Saefkow-Platz und von dort weiter durch das WG 2 zum Volkspark Prenzlauer Park entworfen. Die insgesamt schalenartige Bebauungsstruktur mit von Wohnungsbauten umstandenen großzügigen Innenhöfen ergab sich aus der Anforderung, geschützte Räume für Kindergärten, Schulen und Freizeitbereiche zu schaffen.

15.500 Wohnungen

Davon ca. 20 % als 1-Raum-, 31 % als 2-Raum-, 34 % als 3-Raum-, 14 % als 4-Raum-, 1 % als 5-Raum- und <1 % als 6-Raum-Wohnungen. Die durchschnittliche Wohnfläche betrug 58,5 m²

Zu den Einrichtungen für die unmittelbaren Versorgung der Bewohner gehörten u. a. 15 Kinderkombinationen, 12 Polytechnische Oberschulen, 9 Turnhallen, 5 Kaufhallen, 3 Wohngebietsgaststätten, 3 Dienstleistungsgebäude, 2 Altersheime, Schwimmhalle und Poliklinik.

Ende 1972 begann der Bau des ersten Wohnhauses im WG 1. Bis zum Abschluss der Bauarbeiten 14 Jahre später entstanden insgesamt rund 15.500 Wohnungen für etwa 50.000 Bewohner in meist vielgeschossigen Häusern, welche allesamt in Großtafelbau- oder Stahlbeton-Skelettbauweise errichtet wurden. Neben Wohnungen erstellte man außerdem, ebenfalls auf industriellen Grundlagen sowie flachgeschossig und meist als Wiederverwendungsprojekte, knapp 60 Wohnfolgeeinrichtungen, darunter von überörtlicher Bedeutung das am Anton-Saefkow-Platz realisierte Kaufhaus mit 5.600 qm Verkaufsfläche, die Gaststätte »Seeterrassen« , die Kirche der Evangelischen Kirchengemeinde Am Fennpfuhl, ein Studentenwohnheim und eine Stadtbezirksbibliothek. Die Außenflächen wurden auf Grundlage einer Gestaltungskonzeption mit Skulpturen, Brunnenanlagen und Wandbildern versehen. Wegen umfassender Sanierungen, baulicher Verdichtungen und mehrerer Abbrüche infolge veränderter Ansprüche hat sich das Erscheinungsbild der Großsiedlung 30 Jahre nach ihrer Baufertigstellung erheblich gewandelt. Als verpasste Chance stellt sich die Missachtung der vom Bezirk 2001 erlassenen Gestaltungssatzung dar, wodurch das Wohngebiet – auch aufgrund der Zerstörung des ursprünglichen, die Zentrumsbereiche betonenden Farb- und Materialprogramms – heute weniger einheitlich erscheint. Die städtebauliche Grundstruktur mit der auf Ablesbarkeit des funktionalen Aufbaus basierenden Kombination unterschiedlicher Typenbauten ist jedoch bis heute erlebbar. BR

82 Wohngebiet Frankfurter Allee Süd

Realisierungszeitraum:
1971–1974

Lage:
südlich der Frankfurter Allee zwischen Gürtelstraße und Buchberger Straße innerhalb eines von Bahntrassen bogenförmig umschlossenen Areals

Größe:
knapp 4.400 Wohneinheiten auf einer Fläche von ca. 44 ha

Das 1971 bis 1974 zwischen den Bahnhöfen Frankfurter Allee und Lichtenberg errichtete Wohngebiet Frankfurter Allee Süd gehört zu den kleineren zu DDR-Zeiten in Lichtenberg realisierten Wohnkomplexen. Nach seiner Fertigstellung zählte das rund 44 ha große, auf drei Seiten von bogenförmig geführten Bahntrassen eingefasste Neubaugebiet, an dessen Standort vormals eine im Krieg stark zerstörte Blockrandbebauung, vor allem aber Schrebergärten existierten, insgesamt 4.372 Wohneinheiten. Außerdem wurden im Rahmen des für knapp 16.000 Menschen ausgelegten Wohnungsbaus vier Kinderkombinationen, bestehend aus je einer Kinderkrippe für Kinder bis zu drei Jahren und einem Kindergarten für Kinder von drei bis sieben Jahren, drei Polytechnische Oberschulen mit je 720 Plätzen, eine kleine und eine große Turnhalle, eine Kaufhalle mit 1.500 qm Verkaufsfläche, eine Wohngebietsgaststätte, ein Café und eine Biergaststätte verwirklicht. Schließlich integrierte man ein bereits Anfang des 20. Jahrhunderts erbautes Schulgebäude an der Schulze-Boysen-Straße (heute Mildred-Harnack-Schule) in das Neubau-Areal.

Maßgeblich beteiligte Architekten und Planer:
Städtebau: Heinz Mehlan, Erwin Kussat, Thorleif Neuer
Hochbau: Ruth Krause, Joachim Boetticher, Doris Grübsch
Freiflächenplanung: Heinz Peldszus

Die Planung des Wohngebiets war eingebettet in die großangelegte Neugestaltung der Karl-Marx-Allee / Frankfurter Allee. Als Magistrale – so die damalige Bezeichnung für bedeutende und daher besonders zu gestaltende Straßenzüge – sollte die wichtige Ausfallstraße in Richtung Frankfurt/Oder ein großstädtisches und zugleich repräsentatives Gesicht erhalten. Die Bebauung war somit ein Vorzeigeprojekt des staatlichen Wohnungsbaus, was architektonisch in der Realisierung von vergleichsweise aufwendig gestaffelten und gekrümmten elfgeschossigen Wohnzeilen zum Ausdruck kommt.

Den maßgeblich von Heinz Mehlan, Erwin Kussat und Thorleif Neuer erarbeiteten städtebaulichen Gesamtentwurf kennzeichnet darüber hinaus die bemerkenswerte Länge der Wohngebäude. Diese war dem Ziel geschuldet, die Lärmbelästigung durch die umlaufenden Verkehrsschneisen zu minimieren. Ursprünglich war vorgesehen, die Balkone auf die der Allee abgewandten Seite anzubringen. Die von den langgestreckten Gebäudegruppen ausgebildeten großzügigen Innenräume sollten zum einen eine gute Belichtung und Besonnung der Wohnungen ermöglichen, zum anderen eine lebenswerte Umgebung schaffen. Entsprechend wurden im Inneren verkehrsberuhigte Grünräume angelegt und die Schlafzimmer bewusst auf diese ausgerichtet.

Die interne Organisation des Wohngebiets beruht auf dessen Zweiteilung durch einen mittig von Nord nach Süd geführten Grünzug, an dessen Stelle anfangs eine das Stadtzentrum einfassende (dritte) Straßentangente verlaufen sollte. Hier liegt – direkt an der Einmündung der wichtigen Erschließungsachse Schulze-Boysen-Straße in die Frankfurter Allee – auch der von drei Hochhäusern gebildete Hauptzugang zum Areal. Der zwecks Abschirmung entlang der Bahntrassen angelegte Grüngürtel nahm Kleinsportanlagen und Spielplätze auf, während Kindereinrichtungen und Schulen in den Wohninnenhöfen platziert wurden. Die Wohnfolgeeinrichtungen verteilte man dezentral über das gesamte Gelände. Arbeitsstätten wurden in einem neuen Gewerbegebiet am südöstlichen Rand zusammengefasst, ein großer Sportplatz sorgte für räumliche Distanz zu den Wohngebäuden.

Ca. 12 % aller Wohnungen waren nach Fertigstellung 1-Raum-, 17 % 2-Raum-, 36 % 3-Raum-, 30 % 4-Raum- und 5 % 5-Raum-Wohnungen. Die durchschnittliche Wohnfläche lag bei 65,4 qm.

Wie seit den 1960er Jahren in der DDR üblich, wurden sämtliche Gebäude im Wohngebiet Frankfurter Allee Süd mit Hilfe industrieller Baumethoden realisiert. Die Wohngebäude basierten auf den maßgeblich von der Bauakademie der DDR entwickelten und vom Wohnungsbaukombinat Berlin präzisierten Typenbauten »Doppel-Wohnhochhaus mit 18 bzw. 21 Geschossen« und »Wohnhochhaus mit 18 Geschossen« sowie der Wohnungsbauserie P2. Die Wohnfolgeeinrichtungen, im DDR-Jargon als gesellschaftliche Einrichtungen bezeichnet, kamen – bis auf das Café und die Biergaststätte, beide im Erdgeschoss von Doppel-Wohnhochhäusern angeordnet – in separaten Gebäuden unter. Diese entstanden auf der Grundlage von Stahlbeton-Skelettbauweisen und waren wie die Wohnhäuser ausnahmslos Typenbauten, wie sie auch an anderen Stellen in Berlin errichtet wurden. BR

83 Hans-Loch-Viertel

Realisierungszeitraum:
1961-1966

Lage:
zwischen Alt-Lichtenberg und dem Schlosspark Friedrichsfelde nördlich der Sewanstraße

Größe:
etwa 5.000 Wohneinheiten auf einer Fläche von ca. 80 ha

Das nach dem ersten DDR-Finanzminister benannte Hans-Loch-Viertel entstand ab 1961 (Planungsbeginn 1958) als neues Wohnquartier mit Wohnungen für rund 15.000 Einwohner und war damit nach der Bebauung der innerstätischen Karl-Marx-Allee das zweite wichtige Wohnungsbauprojekt in Ost-Berlin nach Ende des Zweiten Weltkriegs. Bis 1966 wurden auf einem weitläufigen zwischen Alt-Lichtenberg und dem Schlosspark Friedrichsfelde nördlich der Hans-Loch-Straße (heute Sewanstraße) gelegenen, rund 80 ha großen Gelände, welches bis dahin in erster Linie für Schrebergärten genutzt worden war, insgesamt rund 5.000 Wohneinheiten errichtet. Diese kamen hauptsächlich in 4-geschossigen Häusern aus geschosshohen Großblöcken (Typenwohnhaus QX) sowie drei 17-geschossigen Punkthäusern und einem10-geschossigen Mittelganghaus in Großtafelbauweise unter.

Maßgeblich beteiligte Architekten und Planer:
Städtebau:
Werner Dutschke,
Gerd-Heinz Brüning
Hochbau:
Leopold Wiel,
Günther Kabus,
Wolfgang Radke,
Gerhard Hoelke
Grünplanung:
Heinz Peldszus

Der von Kollektiven um Werner Dutschke und Gerd-Heinz Brüning entwickelte städtebauliche Entwurf sah eine lockere mehrgeschossige Zeilenbebauung vor. Der funktionale Aufbau ergab sich im Wesentlichen durch die Aufteilung des Baugebiets in drei Wohnkomplexe für je 5.000 Einwohner. Der das Gesamtareal vom Betriebsbahnhof Rummelsburg zunächst nach Norden und dann im scharfen Knick in Richtung Tierpark querende Kraatz-Tränkegraben wurde dabei als überörtliche Fußgängerwegeverbindung ausgelegt und begrünt. Dort, wo der Grünzug einen rechten Winkel beschreibt, ordneten die Gesamtplaner den als »Passage« bezeichnete Zentrumsbereich des neuen Wohngebiets an. Der Namen des durch die drei Punkthäuser baulich hervorgehobenen Nahversorgungszentrums leitete sich aus der kompakten Bauweise ab. Demnach basierte die unter der Leitung von Hermann Klauschke erarbeitete Konzeption auf der räumlich eng gefassten Gruppierung mehrerer Flachgebäude um eine maximal 15 m breite Fußgängerstraße, u.a. mit Kaufhalle, einer Apotheke, einem Friseursalon, einer Post, einer Gaststätte und einer Bibliothek. »Es wurde der Gegensatz zur Weiträumigkeit und zur lockeren Bebauung als eines sehr traditionellen Gestaltungselementes im Städtebau gesucht, der beispielsweise zu der gewissen Anonymität des Wohnens die ›hautnahe‹ Beziehung der Menschen untereinander setzt«, erläuterte Klauschke 1968 in der Fachzeitschrift »Deutsche Architektur« die 138 m lange und 75 m breite Anlage. Neuland beschritt man des Weiteren in der multifunktionalen Ausrichtung. So wurde dem als Muster- und Experimentalbau errichteten Zentrum außerdem eine 3-geschossige Polytechnische Oberschule zugeordnet.

Ab Ende der 1960er Jahre entstanden in unmittelbarer Nähe zum Hans-Loch-Viertel weitere bedeutende Wohnstandorte. Zwischen Sewanstraße und S-Bahn-Trasse wurden nach einem Entwurf eines Kollektivs um Helmut Stingl und Edith Diehl bis 1975 auf einer Fläche von rund 31 ha ca. 4.600 Neubauwohnungen errichtet (»Am Tierpark«). 1974 bis 1982 folgte das etwa 42 ha große Wohngebiet »Straße am Tierpark« direkt gegenüber dem Tierpark mit noch einmal knapp 3.500 neuen Wohnungen, an dessen Entwurf neben Diehl maßgeblich Solveig Steller und Marianne Battke beteiligt waren. Das in diesem Zusammenhang am U-Bahnhof Tierpark gegenüber dem Bärenschaufenster verwirklichte, über eine Fußgängerzone erschlossene Nahversorgungszentrum wurde hierbei als neuer Hauptzugang zum Hans-Loch-Viertel konzipiert. Im Rahmen der umfangreichen Baumaßnahmen wurden ferner u.a. auch eine Poliklinik und eine Schwimmhalle mit 25-m-Becken erbaut – zwei Einrichtungen, die den Bewohnern des gesamten heute als Neu-Lichtenberg oder Friedrichsfelde-Süd bezeichneten Neubauareals zugutekommen sollten.

In den zurückliegenden Jahren erhielt der Großteil der Wohnhäuser – dies betrifft bedauerlicherweise alle DDR-Siedlungen in Lichtenberg – auffällige Außendämmungen, wodurch das konstruktive Element der Großtafelbauweise heute nicht mehr als solches von außen erkennbar ist. Schmerzlich ist auch der Verlust der »Passage«, die einem neuen Einkaufszentrum weichen musste. BR

84

Wohnbauten östlich der Möllendorffstraße

Wohnbauten
Möllendorffstr. 23 und 24,
Rutnikstr. 3 und 5,
Heringer Str. 22
Heringer Str. 19 und 21,
Rutnikstr. 11 und 13,
Hendrichplatz 3, 5 und 7
Hendrichplatz 2, 4, 6, 8, 10
Rutnikstr. 33, 33a und 33b
Rutnikstr. 34

Architekten
unbekannt
Entwurfsbüro Baustab 110

Bauzeit:
1954/55

Die viergeschossigen Wohngebäude sind vor allem wegen ihrer Gliederung und Gestaltung bemerkenswert. Sie stehen südöstlich des Loeperplatzes, am früheren Dorfanger von Lichtenberg, und bilden die Nordfront des Grünstreifens an der Rutnikstraße, bis zum Wohnhof des Hendrichplatzes im Osten. (Südlich der Rutnikstraße wurden 1972/73 als Experimentalbauten die ersten Blocks der fünfgeschossigen Berliner Wohnungsbauserie (WBS) 70 montiert.)

Der Kopfbau an der Möllendorffstraße zeigt die Symmetrie der Wohnanlage. Ihn betonen Balkone und an der Südseite Loggien mit »ausgesägten« Beton-Balustern, von kleinen Fenstern begleitet. Dachhäuschen, axial über den Fassadenakzenten angeordnet, prägten den leicht barocken Gestaltungscharakter weiter aus. Die Eingänge sind von Pfeilern in Putzrelief eingefasst und werden darüber durch rote Felder mit Folklore-Ornamenten, Sgraffitos eines gewissen Friedrich, markiert. Einfachere Kopfbauten fassen die Heringer Straße ein, während ein gleicher Eckbau mit Loggien die Baugruppe am Hendrichplatz spiegelbildlich abschließt.

Diese recht großzügigen Wohnbauten wurden wie die einfacheren am Hendrichplatz in einem Baubüro des Ministeriums für Staatssicherheit entworfen, ursprünglich für »Mitarbeiter«. Sie sind deshalb im doppelten Sinn repräsentativ, auch für Ort und Zeit ihrer Entstehung. UH

Innovatives Bauen
in Lichtenberg

10

Innovatives Bauen in der DDR im Bezirk Lichtenberg

Harald Engler

Die Architektur der DDR hatte lange Zeit keinen guten Ruf und wurde allzu schnell mit dem Staat und dem totalitären politischen System insgesamt gleichgesetzt. Ostdeutschland galt als »Land der Platte« und des industriellen Bauens, in dem nur gleichförmige und graue »Schließfächer-Architektur« zu finden war. Obgleich das Bauwesen der DDR seit Mitte der fünfziger Jahre tatsächlich einseitig auf die industrielle Herstellung von Architektur und dabei insbesondere auf die Plattenbauweise setzte, gibt es dennoch interessante und innovative Bauten zu entdecken, die von originellen Architekten entworfen wurden. Der Bezirk Lichtenberg kann geradezu als ein Experimentierfeld in diesem Bereich der spannendenDDR-Architektur charakterisiert werden. Im Folgenden sollen einige Beispiele für das innovative Bauen in der DDR auf Lichtenberger Gebiet vorgestellt werden.

Das erste Beispiel stammt aus den sechziger Jahren und steht stellvertretend für die Versuche der DDR-Planer, mit industriell produzierten Plattenbauten der Bevölkerung moderne Wohnungen zur Verfügung zu stellen und auf diese Weise gleichzeitig mit möglichst geringem finanziellen Aufwand die große Wohnungsnot zu lindern. Die zweite große Plattenbauserie, die seit Ende der fünfziger Jahre nach der P 1 entwickelt worden war, hieß P 2 und wurde 1961 von dem Architektenkollektiv um Wilfried Stallknecht, Achim Felz und Herbert Kuschy erarbeitet. Grundkennzeichen der Serie waren eine Deckenspannweite von 6 m sowie die berühmte Durchreiche zwischen Küche und Wohnzimmer. Um den Bau dieser Wohngebäude in P 2-Plattenbauweise praktisch zu testen, wurde 1962 im Gebiet Fennpfuhl in der Erich-Kuttner-Straße 9–15 ein Versuchsbau errichtet, sodass in Lichtenberg der erste Prototyp der Wohnungsbauserie P2 zu finden ist, der inzwischen unter Denkmalschutz steht.

Zwei weitere innovative Bauten der DDR-Architektur im Bezirk Lichtenberg wurden von einem der interessantesten Architekten der späten DDR entworfen: Wolf-Rüdiger Eisentraut. Der 1943 in Chemnitz geborene Architekt war ein Mitarbeiter des bekanntesten DDR-Architekten, Hermann

Nur die Bilder bleiben: *»Handelshaus« am Prerower Platz in Neu-Hohenschönhausen, mit Kaufhalle, Bekleidungs- und Schuhhaus, angeschlossen eine Bibliothek, 1983/85 von Wolf-Rüdiger Eisentraut, Michael Götz und Heide-Rose Kristen. Der Terrassenbau für verschiedene Einkäufe lebte von Funktionslogik und fantasievollem Detail – eine Stadt-Architektur mit Wiedererkennungswert.*

Henselmann, und wirkte seit 1972 im Entwurfsbüro des Bau- und Montagekombinats Ingenieur-Hochbau Berlin (BMK IHB), in dem er in Zusammenarbeit mit Heinz Graffunder und anderen die Planung des Palastes der Republik betreute. Ab 1975 war Eisentraut der verantwortliche Planer für eine Körperbehindertenschule im Bezirk Lichtenberg. Der 1977 fertiggestellte Schulkomplex in der Paul-Junius-Straße gehört zu den Ikonen des Schulbaus in der DDR und bestand neben dem eigentlichen Schulgebäude für 324 Schüler aus einer Vorschule, einem Internat und einem Sportbereich, zu dem auch ein Hallenbad gehörte. Eisentraut gelang es mit diesem terrassenförmig abgestuften und farblich edel in Weiß, Dunkelblau und Lehmgelb gegliedertenBauwerk, sowohl ein ästhetisch überzeugendes Planungskonzept durchzusetzen als auch ein in Zusammenarbeit mit Experten auf dem Gebiet der Behindertenpädagogik entstandenes Raumsystem zu entwickeln, das behinderten Menschen eine angemessene materiell-bauliche Umgebung für ihre schulische Integration in die Gesellschaft bot. Die Schule wird bis heute genutzt und heißt inzwischen Carl-von-Linné-Schule für Körperbehinderte.

Ebenfalls von Wolf-Rüdiger Eisentraut wurde das Restaurant »Seeterrassen« im Ortsteil Fennpfuhl entworfen, das 1985 direkt am Nordufer des Fennpfuhl-Sees am Anton-Saefkow-Platz eröffnet wurde und als gelungenster Gaststättenkomplex in industrieller Bauweise im Berliner Osten galt. Der weiße, mehreckige Bau hatte in der Mitte drei Geschosse, an die sich zweigeschossige, in Terrassen ansteigende Seitenflügel anschlossen. Er zeichnete sich durch Eisentrauts Konzept aus, Restaurants nicht als gleichförmige Gesellschaftsbauten zu planen, sondern durch innovative Baukörpergliederungen und Anpassung an die örtliche Umgebung des Gebäudes möglichst eine individuelle Handschrift zu entwickeln, die den Menschen als Nutzern der Architektur ein größeres Identifikationsangebot liefert und die Bauten attraktiver gestaltet als typisierte Gaststätten von der »Stange«. Nach einigen misslungenen Versuchen einer Nachnutzung der HO-Gaststätte nach 1990 stand der Bau seit 1998 leer, zerfiel immer mehr und wurde schließlich 2008 abgerissen.

Weitere herausragende Einzelbauten der DDR-Moderne im Bezirk Lichtenberg bilden die Gebäude im Sportforum Hohenschönhausen, die ab 1956 von einem Architektenkollektiv unter der Leitung von Walter Schmidt geplant wurden, sowie die Einzelgebäude im Tierpark Berlin von Heinz Graffunder, darunter neben der von Hans Scharoun inspirierten Cafeteria vor allem das 1963 eröffnete Alfred-Brehm-Haus.

Nur noch Geschichte: *Gaststätte »Seeterrassen« am Fennpfuhl, mit Grillrestaurant, Café, Bierklause, Tanzrestaurant und Bar, 1983/85 von Wolf-Rüdiger Eisentraut mit Thomas Weber, Jürgen Rohrlach, Paul Makiewicz und Jelena Brjanowa. Der markant gegliederte Freizeitbau im Wohngebietspark bot Gastronomie auf mehreren Ebenen – Raum- und Landschaftserlebnis in zwanglos abgewandelter Moderne.*

Beide Komplexe stehen inzwischen unter Denkmalschutz. Auch wenn der Massenwohnungsbau der DDR in Plattenbauweise nicht die Qualität der hier beschriebenen Einzelbauten erreichen konnte, bietet die »Inforoute Platte & Co – Geschichte und Geschichten in Friedrichsfelde Süd« für den Süden des Bezirks ein einzigartiges Informationssystem zur Erkundung der Vielfalt industrieller Bauweise in der DDR und zum Umgang mit dieser Bausubstanz heute – als paradigmatischer Rundgang durch 60 Jahre industrielles Bauen, in der »Nussschale« zu besichtigen im Bezirk Lichtenberg.

85 Cafeteria im Tierpark Friedrichsfelde

Cafeteria im Tierpark Friedrichsfelde
Am Tierpark 125
Architekten:
Heinz Graffunder,
Walter Wenzel
u. w. Mitarbeiter
Berlin-Projekt
Bauzeit:
1961/63

Am 1. Juni 1963, zum Internationalen Kindertag, öffnete mit der Cafeteria einer der schönsten Freizeitbauten der DDR und ganz Deutschlands. Die Entwerfer um Heinz Graffunder, später Architekt des »Palasts der Republik«, hatten eng mit den Grünplanern Oskar Köster und Editha Bendig kooperiert, um das leichte, in verschiedene Raumbereiche gegliederte Bauwerk in die Parklandschaft des Ostberliner Zoos einzufügen.

Die Cafeteria steht nordöstlich der »Lamawiese« und grenzt mit ihrer Nordterrasse an den Parkweg vom Schloss Friedrichsfelde. An dieser Seite ist der Hauptzugang; doch können die Gäste den unter Bäumen liegenden Bau auch über breite Treppen von Westen aus erreichen. Zwei erdgeschossige Gasträume, der nördliche durch Dachsheds, der südliche durch runde Deckenschalen belichtet, sind gegeneinander versetzt und bilden vor sich offene, nur von Mauerscheiben aus dunkelrotem Werkstein begrenzte Freiterrassen. Besonders jene an der Lamawiese ist durch eine eigenwillige Pergola aus Beton-Kragarmen charakterisiert.

Die Parkgaststätte zeugt von der Begeisterung der Architekten für Hans Scharoun, dessen räumliches Denken hier in ein Planbild und zugleich in eine funktionelle Struktur umgesetzt ist. Schon deshalb verdient sie eine bessere Erhaltung – und die Rücknahme aller heutigen »modernen« Veränderungen. UH

Wohnhochhäuser WBS 70

86

Wohnhochhäuser WBS 70
Möllendorffstraße 69-73
Architekten:
Gerhard Lehmann,
Heinz Mehlan,
Wolfgang Radke,
Ruth Krause u. A.
Wohnungsbaukombinat Berlin, Betrieb Forschung und Projektierung
Bauzeit:
1974/75

Das »Erstanwendungsobjekt« der elfgeschossigen Wohnungsbauserie 70 steht an der Möllendorffstraße, am Südrand des Wohngebiets Leninallee/Ho-Chi-Minh-Straße. Mit diesem bis dahin größten Wohnungsbauvorhaben entstand um den Fennpfuhl ein ganzer Stadtteil neu, und hier wurden neben den älteren Tafelbauten der Typen QP 71 und P 2 die ersten Wohnhochhäuser der WBS 70 in ihrer Berliner Variante montiert.

Die neue Hochhausserie war ab 1972 im Auftrag des Instituts für Wohnungs- und Gesellschaftsbau der DDR-Bauakademie konzipiert worden und entsprach den »Grundregeln« der WBS 70, so mit der Rückkehr zu natürlich belichteten Treppenhäusern und Küchen. Die Wohnflächen sollten vergrößert und die Stellmöglichkeiten für Möbel verbessert werden. Wohnungen aller gewünschten Zimmerzahlen ließen sich, im Unterschied zur starren Festlegung bei der P 2, in wenigen Gebäudeteilen unterbringen.

Die 1973 an der Möllendorff- und Rutnikstraße errichteten ersten Wohnblocks der WBS 70 unterschieden sich von den späteren Berliner Bauten der Serie in funktionellen und gestalterischen Details.

Die Berliner Lösung weist eine gewisse Plastizität auf: Die Haus-»Segmente« heben sich durch zurückgesetzte Bauteile und Loggien voneinander ab, auch an den Treppenhausseiten, und das im Ganzen versetzte Haus Nr. 70 leitet zu dem Eckbau Nr. 69 über, der einen Rückbezug zu geschlossenen Block- und Raumformen andeutet. Eine recht seriöse Fassadensanierung in Weiß, Gelb und Blau lässt solche Qualitäten bis heute erkennen. UH

87 Versuchsbau der Wohnungsbauserie P 2

Versuchsbau der Wohnungsbauserie P 2
Erich-Kuttner-Straße 9, 11, 13, 15
Architekten: Wilfried Stallknecht, Joachim Felz, Herbert Kuschy und Mitarbeiter Deutsche Bauakademie Berlin Projektierungsbetrieb Finsterwalde
Bauzeit: 1962

Der Erstbau der zweiten großen Serie des DDR-Plattenbaus ist im Wohnkomplex Fennpfuhl zu finden, in einem grünen Wohnhof aus den 30er Jahren, etwas separiert von den Wohnblocks, die den Komplex im Gefolge des »gesamtdeutschen« Fennpfuhl-Wettbewerbs prägen, Gebäude vom Berliner Typ QP aus der ersten Generation der Tafelbauweise. Der Versuchsbau aus vier »Segmenten« wirkt mit seinem flachen Satteldach, den Regenrinnen und den vorspringenden Wandplatten vor den kleinen Kinderzimmern eher konventionell; nur die breiten Eingangsüberdachungen fallen auf. Neu an der Grundrisslösung war, dass Treppenhaus wie Bäder und Küchen ins Gebäudeinnere verlegt wurden, um Frontfläche einzusparen. Die Küchen konnten nur über die bekannten gläsernen »Durchreichen« oder über Durchgänge zu den immerhin fast sechs Meter breiten Wohnzimmern belichtet werden. Das Erdgeschoss nimmt lediglich Abstellräume auf, die durch einen zweiten Eingang in jedem Haus bequem erreichbar sind. Der Bevölkerung wurden die Räume, von den besten Innenarchitekten abwechslungsreich möbliert, in der Musterwohnschau »Neues Leben – neues Wohnen« vorgeführt. So ist der Versuchsbau von baugeschichtlicher wie von sozial- und allgemein historischer Bedeutung. Er sollte der erste Tafelbau sein, der in seiner originalen Gestaltung wieder hergestellt wird. UH

Wohnbauten in Blockbauweise

88

Wohnbauten in Blockbauweise
Marksburgstraße 7, 9, 11, 13, 15, 17; 2, 4; 6, 8; 10, 12;
Ilsestraße 18, 20, 22, 24, 26; 28, 28a, 28b, 28c, 28d; 30, 30a, 30b, 30c, 30d;
Lisztstraße 1, 2, 3, 4, 5
Architekten: Leopold Wiel und Mitarbeiter
Technische Hochschule Dresden
Bauzeit: 1956/57

In der »Hauptstadt der DDR« wurde seit Anfang der 50er Jahre mit der Montage vorgefertigter Block-Elemente im Wohnungsbau experimentiert. Doch erst die von Emil Leibold unter Leitung des Chefarchitekten Hermann Henselmann entworfenen Blockbauten im Wohnkomplex Friedrichshain und die Bauten Wiels in Karlshorst erreichten das Stadium des großtechnischen Versuchs und wirkten direkt auf die Baupraxis ein.

Leopold Wiel, seit 1951 Professor an der Technischen Hochschule Dresden, entwarf die Ende 1955 projektierten und ab Herbst 1956 montierten Blockbauten mit dem Ziel, bei einer möglichst geringen Zahl verschiedener Fertigteile ein monotones Aussehen zu vermeiden. Er setzte dafür alle Gestaltungsmittel ein: Die acht Wohnblocks sind frei stehend, ohne strenge rechte Winkel, um weite Wohnhöfe angeordnet. Einem langen, durch rote Färbung der Ziegelsplittbeton-Elemente markierten Block an der Marksburgstraße gab Wiel einen leichten Knick im Grundriss und hob ihn durch eine Dreiergruppe von Loggien hervor. So ließ sich das Zentrum des Wohnensembles, die Kaufhalle an der Ecke zur Sangeallee, betonen, während nach Westen hin eine Gruppe kurzer, gestaffelter Blocks mit Verbindungsbauten den Straßenverlauf akzentuiert. Weitere Feinheiten sind an den inzwischen wärme-gedämmten Bauten kaum noch auszumachen.
UH

Im Süden des Baugebiets entstand 1957 der Wohnblock Ilsestraße 4, 4a, 4b, 4c und 4d, offenbar ein Versuchsbau, mit dem man Konstruktions- oder Grundrisslösungen der »Typensegmentreihe« Q 3 erprobte. Diese wurde damals von Josef Kaiser und Klaus Sbrzesny unter Leitung des Stadtbaudirektors Ehrhard Gißke konzipiert. Mit 28.600 Wohnungen an einer Vielzahl von Standorten ist sie die verbreiteteste Ostberliner Typenreihe in der Blockbauweise.

89 Bürobau vom Typ Leipzig

Bürobau vom Typ Leipzig
Fischerstraße 29
Architekten:
Rolf Engelhardt,
Rolf Schaufel,
Siegfried Rahm
VEB Leichtmetallkombinat
Metallleichtbaukombinat
Leipzig
Bauzeit:
ca. 1983

Aufgrund seiner auffälligen Farbgebung ist der Bürobau in der Fischerstraße weithin sichtbar. In den 1960er Jahren wurde in den DDR-Planungsstellen intensiv an neuen, modernen Bürotypen gearbeitet. Der Bürobau Typ Leipzig ist ein eindrucksvolles Beispiel für die Ergebnisse. 1975 berichtete die Zeitschrift »Architektur der DDR« von einem Bürobausystem, das durch Stahlskelett-Tragwerk und eine farbige Curtain-Wall-Fassade aus Aluminium charakterisiert wurde, den sogenannten »Typ Leipzig«.

Höchst stringent weist dieser Bau die frühen Kennzeichen der Industrialisierung im DDR-Bau auf. Die Gebäude in den Farben Grün, Gelb, Ocker und Rot verweisen darauf, wie bautechnische Entwicklungen ästhetisch aufgefasst wurden und im Fall dieses Typs einen »poppigen« und charaktervollen Bau in die Stadtlandschaft der DDR brachten.

Das Gebäude in der Lichtenberger Fischerstraße ist als Stahlskelettbau ausgeführt und vermittelt im Stadtbild durch die Pop-Art-Farbigkeit und die zugleich klare und durchstrukturierte kubische Form ein eindrucksvolles Bild von Architekturlösungen der DDR. ST

Carl-von-Linné-Schule für Körperbehinderte

90

Carl-von-Linné-Schule für Körperbehinderte
Paul-Junius-Straße 15
Architekt:
Wolf-Rüdiger Eisentraut
Bauzeit:
1976/77, 1977–1979

Die Schulanlage am Südrand von Fennpfuhl wurde in Stahlskelettbauweise errichtet. Anders als DDR-Typenschulen basiert sie auf einem individuellen Projektierungskonzept, das Eisentraut im Auftrag der Stadt Berlin mit Blick auf die Zwecke einer Schule für Körperbehinderte entwickelte. Zugleich wollte er mit dieser Einzelplanung Anwendungsmöglichkeiten industriellen Bauens jenseits von Serienerzeugnissen aufzeigen.

Wolf-Rüdiger Eisentraut
Der Architekt Wolf-Rüdiger Eisentraut (geb. 1943) gehörte von Anfang der 1970er bis Ende der 1980er Jahre dem Entwurfsbüro des Bau- und Montagekombinats Ingenieur-Hochbau Berlin an. Er war in dieser Zeit an zahlreichen Bauprojekten beteiligt, u. a. am Palast der Republik.

Für die geforderten Funktionseinheiten – Vorschule, Schule, Internat, Sport- und Schwimmhalle, barrierefrei, für ca. 320 Schüler – schuf der Architekt fünf Bauteile und verband sie zu einem höhen- und tiefengestaffelten Komplex. Gebaut wurde in zwei Abschnitten, so dass die Schule 1977 eröffnet werden konnte, während die Fertigstellung von Internat, Sport- und Schwimmhalle noch im Gang war. Von 2003 bis 2013 umfassend saniert und modernisiert, dient das markante Bauwerk heute als sonderpädagogische Einrichtung, die Grundschule, Integrierte Sekundarschule und Berufsschule umfasst.
CB

91 Wohn- und Geschäftshochhaus

Wohn- und Geschäftshochhaus-
Frankfurter Allee
147 und 149
Architekten:
Werner Strassenmeier,
Günther Wernitz,
Arno Weber
u. w. Mitarbeiter
(Grundprojekt
Leipziger Str.)
Wohnungsbaukombinat
Berlin
Bauzeit: 1979/82

1972–1977 entstand mit der neuen Leipziger Straße ein betont großstädtisches Ensemble von Wohn-, Geschäfts- und Kulturbauten im Süden der historischen Friedrichstadt. Die Gebäudelösungen für die Wohnhochhäuser in der Skelett-Montagebauweise SK Berlin 72 wurden danach, trotz hoher Ausbaukosten und mancher Qualitätsmängel, auch anderswo in Ost-Berlin realisiert – die großzügigen Räume von Dienstleistungs-, Kultureinrichtungen und Wohnungen sollten ebenso den Zentren der Wohngebiete zugutekommen.

Zu diesen Bauten gehört das an der Nordseite der Frankfurter Allee, östlich der S-Bahn, errichtete Wohnhochhaus mit einer Sparkasse und der Egon-Erwin-Kisch-Bibliothek. Es ergänzte die wenigen gesellschaftlichen Bauten des Wohnkomplexes Frankfurter Allee Süd und sollte, zusammen mit einem – abgerissenen – Wohnhochhaus von 18 Geschossen, eine Neugestaltung der Allee in Richtung Stadtzentrum einleiten. Die breiten Loggienstreifen der SK Berlin, mit den Farben Weiß und Moosgrün in Kontrast zu den hohen Wandstreifen über den Wohnungseingängen gesetzt, charakterisierten ursprünglich das vierzehngeschossige Bauwerk. Heute lassen die halbrunden Vorbauten über den Eingängen, die Dachaufbauten und die Farbigkeit in Rottönen nur noch seine Grundgestalt erkennen, während die Bibliothek weiter ihrer Kulturaufgabe dient. UH

Bauten nach 1990 in Lichtenberg

11

Bauten in Lichtenberg nach 1990

Wilfried Nünthel

Die Verwaltungen der Bezirke Lichtenberg und Hohenschönhausen durchlebten, wie die der anderen Bezirke östlich des Brandenburger Tors, Anfang der 1990er Jahre turbulente Zeiten: Wie wird es mit dem Bezirk oder Berlin insgesamt weitergehen? Welche Verwaltungs- und Gesetzesreformen werden sich wie auf Gesellschaft, Wirtschaft, Politik und die Verwaltung selbst auswirken? Wer hat welche Ansprüche, Rechte und Pflichten gegenüber der Verwaltung und Dritten? Wie geht man mit Eigentumsansprüchen um? Was hat Bestandsschutz, was muss neu durchdacht und genehmigt werden? Wer bewertet, was »richtig« und was »falsch« ist?

Dies waren nur einige der vielen Fragen und Probleme, denen sich die Verwaltungen im östlichen Berlin stellen mussten. Hinzu kamen politische und gesellschaftliche Diskussionen zwischen jenen, die möglichst alles so bewahren wollten, wie es war, und anderen, die realisierten, dass nun nicht nur ganz Berlin, sondern die gesamte Welt offenstand und veränderte Zeiten veränderte Antworten erfordern. Die Bezirke Lichtenberg und Hohenschönhausen mussten sich mit den neuen Gegebenheiten auseinandersetzen, die Entwicklungen schnellstens nachholen und – so die Hoffnung – der Zeit sogar ein Stück voraus sein. Und so wurde an allen Ecken neu gedacht, geplant, abgerissen, saniert, gebuddelt oder gebaut. Viele bereits vor der Wende begonnene Vorhaben wurden in den 1990er Jahren erfolgreich fertiggestellt. Aber auch neue Projekte wurden realisiert, die zuvor als unerreichbar gegolten hatten. Kurzum: Es herrschte Aufbruchsstimmung!

Storkower Bogen
Der an das Wohngebiet Fennpfuhl angefügte Storkower Bogen erfüllte als Versorgungszentrum nicht die in den Bau gesetzten Erwartungen.

Die Euphorie ging sogar so weit, dass in ganz Berlin mit schwindelerregend steigenden Zuzugszahlen gerechnet wurde. Berlin sollte nach Bevölkerungsprognosen binnen weniger Jahre um ca. eine Million Bürgerinnen und Bürger anwachsen. Unter dieser Annahme wurde fleißig weiter geplant und gebaut.

Ende der 1990er Jahre machte sich dann Ernüchterung breit: Der fest eingeplante Zuzug blieb aus, Wohnungen standen leer, große Plätze und Einkaufszentren verödeten, Bauprojekte wurden gestoppt.

Hinzu kam, dass das Land Berlin enorme Ausgaben für die sozialverträgliche Zusammenführung der Verwaltungsapparate zu stemmen hatte. So beschloss die Politik, diese Kosten durch Stellenabbau und das Zusammenfügen von Bezirken zu mindern. Ungeachtet dessen ist aus den Bezirken Lichtenberg und Hohenschönhausen einer der schönsten und vielseitigsten Berliner Bezirke geworden.

Linderncenter
Prerower Platz
Das großzügige Einkaufszentrum ersetzte 1995 das nach Plänen von Wolf-Rüdiger Eisentraut errichtete HO-Handelshaus. Wieder integriert wurde die ebenfalls neu gebaute Anna-Seeghers-Bibliothek.

Wie bereits erwähnt, war und ist es aus stadtplanerischer Sicht eine der zentralen Fragen, wie mit dem »Erbe der DDR« umgegangen werden soll. So wurde auf den Abriss von Wohngebäuden weitgehend verzichtet und die Umgestaltung bestehender Plätze, Gebiete und Straßen bzw. der Umbau von Bestandsgebäuden bevorzugt. Dazu gehören z. B. Anton-Saefkow-Platz/Weißenseer Weg, Frankfurter Allee Süd, Sewanviertel, Alt- und Neu-Hohenschönhausen, der Umbau der Carl-von-Linné-Schule in der Paul-Junius-Straße und der Aula der Max-Taut-Schule sowie der des ehemaligen Konsument-Kaufhauses am Anton-Saefkow-Platz zu einem Wohnhaus.

In den 1990er Jahren entstanden viele Bauten, die noch heute von großer Bedeutung für Lichtenberg sind. Schindler-Schule, Barnim-Gymnasium, Tierheim Falkenberg, wichtige Lückenschließungen in der Storkower Straße und Gewerbestandorte wie CineMotion, Hansa Center, TierparkCenter und Ring-Center II sind nur einige Beispiele quer durch den Bezirk. Dazu zählt auch die Neubebauung großer, bis dahin ungenutzter oder nicht mehr genutzter Flächen an der Landsberger Allee, aus der dann Handelseinrichtungen wie IKEA, ein Globus-Baumarkt und das Linden-Center in Neu-Hohenschönhausen hervorgingen. In Rummelsburg ist das

Gelände des ehemaligen Gefängnisses mit seinen Kasernen mittlerweile für Wohnnutzung umgewidmet worden, ebenso die Festungspionierschule in Karlshorst.

Um die Jahrtausendwende, als der Geschosswohnungsbau aufgrund eines leichten Bevölkerungsrückgangs völlig zum Erliegen kam, waren kleingeschossige Ansiedlungen für Investoren und Käufer interessanter. In Karlshorst entstanden die Wohnquartiere Carlsgarten und Gartenstadt. Im Ortsteil Lichtenberg ist die Bornitzstraße und in Hohenschönhausen das Wohngebiet »Weiße Taube« an der Landsberger Allee stellvertretend für diese Tendenz zu nennen.

Mittlerweile »boomt« der Wohnungsmarkt wieder. Das im Bundesdurchschnitt noch niedrige Miet- und Kaufpreisniveau und der konstant wachsende Arbeitsmarkt in Berlin haben selbst die optimistischen Schätzungen der Berliner Senatsverwaltung für Stadtentwicklung bei weitem übertroffen. Um den enormen Nachfragedruck abzumildern, hat das Land Berlin Förderprojekte für die Schaffung von Wohnraum ausgerufen und landeseigene Unternehmen dabei besonders in die Pflicht genommen. Aufgrund der damit einhergehenden Anforderungen an die Infrastruktur (ÖPNV, Straßenverbindungen, Grünflächen, Kitas und Schulen etc.) wird in erster Linie nachverdichtet. Dies führt erneut zu Debatten zwischen denen, die das Vorhandene möglichst unverändert erhalten wollen, und denen, die erkennen, dass auch »Neuberliner« den Wunsch nach einer angemessen finanzierbaren Wohnung und guter Infrastruktur haben und dementsprechend alle ein wenig »zusammenrücken« müssen.

Ehemaliges preußisches Arbeitshaus Rummelsburg
Hauptstraße 8 (Architekt Herrmann Blankenstein)
In die bis 1990 als DDR-Gefängnis genutzten Gebäude wurden im Jahr 2008 Eigentumswohnungen mit hohen Komfortstandard gebaut. Der Plan, die Berliner Justizverwaltung anzusiedeln scheiterte zuvor.

Die aktuelle Bevölkerungsentwicklung wirkt sich vor allem auf die Ausgestaltung großer Wohnungsbauprojekte aus. Dies ist exemplarisch an der »Weißen Taube« zu sehen, wo der momentane Nachfragedruck in den Planungen mitberücksichtigt wird. Ein ausreichendes Angebot an Schul-, Kitaplätzen und Grünflächen muss wegen der hohen Anzahl

Ehemalige Festungspionierschule der Deutschen Wehrmacht *(Architekt....) Zwieseler Straße Wo zuvor Pioniere für den Krieg geschult wurden und zwischen 1945 und 1994 die SMAD und GUS Militärführung in Deutschland residierte, wohnen seit 2014 in 342 Wohnungen vor allem Neuberliner in großzügigen Eigentumswohnungen.*

der Wohnungen sichergestellt werden. Mit dieser Thematik werden sich die Beteiligten im Rahmen der Bebauungsplanverfahren auseinandersetzen müssen. Auch in dem Areal um die Herzbergstraße wird die Herausforderung deutlich, die der Bevölkerungszuwachs mit sich bringt: Die zunehmende Wohnnutzung und das ansässige Gewerbe drohen einander zu verdrängen. Um einen dauerhaften Bestand von beidem zu sichern, ist es unverzichtbar, die gegenseitige Verdrängung durch entsprechende übergeordnete Planungen zu verhindern.

Andere Vorhaben, die seit Jahren gar nicht oder kaum vorangetrieben worden sind, werden sich den aktuellen Gegebenheiten stellen müssen. Sie haben die Chance, endlich eine für alle Beteiligten zufriedenstellende Lösung zu finden. So wird es z. B. zeitnah ein Nutzungskonzept für das ehemalige MfS-Areal an der Ruschestraße im Sanierungsgebiet Frankfurter Allee Nord geben müssen. Das große Gelände bietet mit seinen mehreren Tausend Quadratmetern Nutzungsfläche ein enormes Potenzial für Gewerbe, Kultur und/oder Wohnen. Es wäre schade, dieses Areal weiterhin überwiegend ungenutzt bzw. ohne entsprechende rechtlich gesicherte und aufeinander abgestimmte Konzepte zu belassen. Der Bezirk Lichtenberg versucht hier seit Jahren zwischen den Eigentümern und diversen Interessenlagen zu vermitteln.

Die Gesamtentwicklung Berlins hat schließlich auch Auswirkungen auf die Verkehrsanbindung der einzelnen Bezirke. So muss es für eine gute Infrastruktur auch ein leistungsfähiges überregionales Verkehrswegenetz geben. Lichtenberg ist z. B. von großen geplanten Straßenbauvorhaben quer durch den gesamten Bezirk betroffen. Der Weiterbau des 17. Abschnitts der A 100 und damit die Anbindung an das Bundesautobahnnetz, der Ausbau der Unterführung der Karlshorster Brücke, die Schaffung der Tangentialen Verbindung Ost und die Ortsumfahrung Malchow sind die momentan größten zu erwartenden Projekte im Bereich Straßenbau. Das ÖPNV-Angebot wird auf vielen Strecken erweitert durch die Schaffung zusätzlicher Haltestationen und Streckennetze oder durch die Erhöhung der Taktfrequenzen.

Wohn- und Geschäftshäuser Dolgenseestraße

92

Wohn- und Geschäftshäuser Dolgenseestraße
Bauherr:
Wohnungsbaugesellschaft Lichtenberg mbH
Architekten:
Augustin und Frank Architekten
Bauzeit:
1994–1997

Ende 1992 wurde für das Gebiet zwischen Sewan-, Dolgensee- und Mellenseestraße ein städtebaulicher Ideenwettbewerb ausgelobt. Das Areal sollte nachverdichtet und es sollte neue Infrastruktur geschaffen werden. Der Entwurf für die Wohnanlage Dolgenseestraße/Sewanstraße, von den Architekten Augustin und Frank gestaltet, ging als Gewinner aus diesem Wettbewerb hervor.

Typische DDR-Plattenbauten umgeben die beiden Neubauten, die einen neuen Umgang mit der »Platte« aufzeigen sollen. Damit sie sich harmonisch in den Baubestand integrieren, weisen die beiden fünfgeschossigen Gebäude vier- bis achtgeschossige Abschnitte auf.

Dank der vollverglasten Ladenzone entsteht der Eindruck, als schwebten die als glatte Lochfassade ausgeprägten Wohngeschosse. Zur optischen Unterteilung wechseln sich in der Ladenzone Holzlamellenbereiche mit freien Glasflächen ab.

Zwischen den Gebäuden befindet sich eine 4.000 qm große Grünfläche, die als »grüne Oase« von den Mietern mitgestaltet wurde.

JBS

93 Landsberger Arkaden

Landsberger Arkaden
Landsberger Allee 106
Architekt:
Aldo Rossi
Bauzeit:
1996 (Entwurf)
Umbau 2006

Aldo Rossi entwarf 1996 das an der Kreuzung Landsberger Allee/Storkower Straße gelegene Gebäude, das heute das Hotel andel's Berlin beherbergt. Der Komplex sollte als Büro-, Dienstleistungs- und Geschäftszentrum »Landsberger Arkaden« das neue »Eingangstor zu Lichtenberg« werden.

Nichtrealisierter postmoderner Entwurf von Aldo Rossi

Den dazu notwendigen städtebaulichen Blickfang sollte ein zwölfgeschossiger Turm bilden. Für die um einen Innenhof gruppierten Baukörper waren reich gegliederte Fassaden mit Arkadenzone vorgesehen. Die übliche Berliner Traufhöhe sollte durch ein deutliches Traufgesims mit drei darüberliegenden zurückspringenden Dachgeschossen aufgenommen werden. Das Projekt scheiterte, da erhoffte Mieter sich zurückzogen und andere Einkaufzentren gebaut wurden. Zwischen 1997 und 2006 rottete »Berlins höchste Bauruine« vor sich hin, bis nach mehreren Besitzerwechseln das aktuelle Hotel entstand. Den Umbau der Ruine verantwortete das Büro Seeger Müller Architekten, die Einrichtung das Architektenpaar Jestico + Whiles. Der originale Entwurf wurde dabei stark überformt und ist heute nur noch in der Silhouette und der Innenhofstruktur zu erahnen. Statt der von Rossi geplanten Ziegelsteine und Keramikmuster dominieren helle Sandsteinfassaden. JBS

Wohnanlage Rummelsburger Bucht

94

Wohnanlage Rummelsburger Bucht
Architekt Gesamtkonzept: Theo Brenner
Hauptstraße 4-6e
Architekt: MBM David Mackay
Bauzeit: 1994–1997

Das am Wasser gelegene ehemalige Industriegebiet wurde, unter anderem von Herman Hertzberger, 1994–1997 im Rahmen einer Gesamtplanung »Rummelsburger Bucht«, mit den gegenüberliegenden Stralau und Industrierevier Hauptstraße zu einem Wohnquartier mit Gewerbenutzung umgeplant. Ursprünglich sollte hier für die Olympiabewerbung 2000 ein Olympisches Dorf entstehen. Aufgrund des Scheiterns der Bewerbung Berlins 1994 wurde dieser Gedanke dann schnell verworfen. Stattdessen wurde eine Wohnanlage mit Gewerbeflächen realisiert. Die streng gegliederten u-förmigen Wohnblöcke öffnen sich weiträumig dem Wasser der Rummelsburger Bucht und bilden große Innenhöfe. An der stark befahrenen Haupstraße nehmen sie die Idee der Blockrandbebauung auf. Zwischen den drei Blöcken führen Erschließungswege zu den am Wasser entlangführenden Uferweg.

Das insgesamt 70 ha. große Areal beherbergt nach der industriellen und der Nutzung als Gefängnis- und Kasernengelände der Grenztruppen der DDR auch Townhouses, Reihen-, Galerie- und Atelierhäuser. 232 Millionen Euro investierte das Land Berlin für diese zivile Erschließung. Nur das ehemalige Arbeitshaus und das Gefängnis Rummelsburg sowie zwei verbliebene Häuser des Friedrichs-Waisenhauses Rummelsburg aus der zweiten Hälfte des Jahrhunderts erinnern noch an die Vergangenheit. JBS/ST

oben: Reihenhäuser in der Lina-Morgenstern-Straße

unten: Knabenhäuser des ehemaligen Friedrichs-Waisenhauses von Gustav Holzmann von 1854

95 Tierheim

Tierheim
Hausvaterweg 39
Bauherr:
Tierschutzverein für Berlin und Umgebung Corporation
Architekt:
Dietrich Bangert
Bauzeit:
1998–2000

Das Tierheim am Hausvaterweg ist ein weltweit einmaliger Komplex, für dessen Bau Architekt Dietrich Bangert auf vielen Gebieten Neuland betreten musste. Auf dem 18.500 qm großen Areal einer ehemaligen Schweinemastanlage wurde aus ca. 17.000 m3 Beton eine eigene Tierstadt geschaffen. Es gibt allein 15 Hundepavillons, drei Katzenhäuser, eine Notaufnahme für Nutztiere und ein Exotenhaus für Reptilien und Ähnliches.

Die Gebäude, zwischen Wegen und Wasserflächen gelegen, erinnern eher an einen Inselarchipel als an ein Tierheim. Sie stellten hohe Anforderungen an die Qualität der Betonierarbeiten. Bauteile wie Säulenschäfte und Fassaden bestehen größtenteils aus Sichtbeton in außergewöhnlichen Geometrien. Den Eingang bildet ein neu angelegter Eichenhain im Südosten. In einem Nord-Süd-Riegel befinden sich die Verwaltungsbüros und diverse Tiergehege, ein zweiter Riegel entlang der südlichen Grundstücksgrenze beherbergt die Katzenhäuser.

Neu gepflanzte Bäume und neu geschaffene Wasserflächen trennen diese Gebäude von einem großen, kreisförmigen Freibereich mit den ebenfalls runden Hundepavillons. 2011 wurde das Areal um ein Hundetrainings- und Rehazentrum erweitert. Besuchern stehen ein Seniorenkatzen-Vermittlungsbüro, Veranstaltungsräume, der Tierfriedhof und das »Café im Tierheim« offen. JBS

Weiße Taube Siedlungskonzept

96

Weiße Taube Siedlungskonzept
Landsberger Allee
Bauherr:
Stadtentwicklung
Bauzeit:
1900, 1933,
1990–2000

Beidseits der Landsberger Allee befindet sich das Siedlungsareal, das unter dem Namen »Weiße Taube« bekannt ist. Namensgebend war eine Anfang des 20. Jahrhunderts auf dem Gelände ansässige Gastwirtschaft.

Ab 1934 entstand hier, von den Nationalsozialisten gefördert, die »Stadtrandsiedlung Hohenschönhausen«. Von den Plänen wurde allerdings nur ein kleiner Teil verwirklicht, das Gebiet blieb bis in die frühen 1990er Jahre hinein weitgehend unbebaut.

Im Anschluss an diese Zeit wurde ein neues städtebauliches Konzept entwickelt, das mit einer kleinen Anzahl von Investoren abgestimmt war. Von einigen drei- bis viergeschossigen Wohnungsbauten, einem Einrichtungshaus und einem Baumarkt abgesehen, wurde jedoch auch dieses Konzept nicht umgesetzt.

Aktuell ist ein neuer Bebauungs- und Entwicklungsplan für das ca. 15 ha große Gelände angedacht. Hier sollen in Zukunft etwa 1.500 Wohnungen, Kitas, Geschäfte und eine Schule geschaffen werden. JBS

97 Mehrparteienhaus-Siedlung

Mehrparteienhaus-Siedlung
Drossener Straße/
Malchower Weg
Architekt:
Hans Kollhoff
Bauzeit:
1992–1994

Die zwischen 1992 und 1994 gebauten Wohnblöcke Drossener Straße/Malchower Weg gehen auf einen Entwurf des Architekten Hans Kollhoff zurück. Auf einer ca. 12.000 qm großen Industriebrache entstanden zwei aus jeweils acht viergeschossigen Wohnhäusern bestehende Blöcke. Jeder der beiden Blöcke wurde, um die Erdgeschosszone aufzuwerten, um ca. anderthalb Meter angehoben.

Sämtliche Gebäude sind mit einer hochwertigen dunkelroten Klinkerfassade versehen, die mit Hilfe von Betonfertigteilen gegliedert wurde. Um eine private Atmosphäre zu schaffen, sind die einzelnen Grundstücke mit niedrigen Hecken eingefasst. Zusätzlich zu den als Gemeinschaftsgärten konzipierten Zwischenräumen gehört zu jeder Erdgeschosswohnung ein kleiner Garten.

Infolge dieser Gestaltung fügt sich das Areal harmonisch in die umliegende lockere Einzelhausbebauung ein. Alle Grundrisse wurden symmetrisch als klassische Zweispänner mit zentraler Erschließung geplant. Die Wohnungen verfügen außer im Dachgeschoss über bodentiefe Fenster aus Naturholz und Wintergärten. JBS

Jane-Addams-Schule OSZ Sozialwesen

98

Jane-Addams-Schule
OSZ Sozialwesen
Darßer Str. 97
13051 Berlin
Bauherr Bezirksamt Lichtenberg, Abt. Wirtschaft und Immobilien
Architekt Baeseler, Schmidt und Partner
Bauzeit 1994-1997

Am Südrand der DDR-Großsiedlung entstand hier 1994-1997 nach Plänen des Architekturbüros Baeseler, Schmidt und Partner ein ursprünglich als Gesamtschule für 1.100 Schüler geplanter Schulneubau. Schon die äußere Gebäudeform zeigt die innere Differenzierung der Gebäude. Entlang der Darßer Straße, gruppieren sich ein Riegel mit Fachräumen und ein Bogen mit Klassenräumen zusammen mit einem Würfel als Turnhalle um einen Eingangshof.

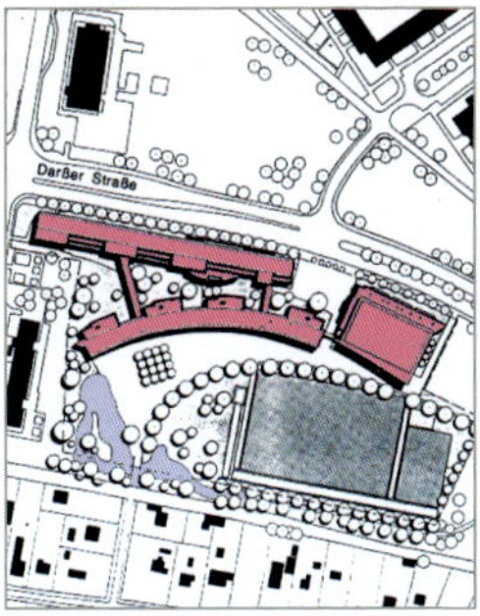

Von außen erinnern die Gebäude mit ihren Klinkerflächen, weißen Putzflächen und Fensterbänden an Schulneubauten der 1920er Jahre. Aufgrund sinkender Schülerzahlen, wurde die Schule nach nur sieben Jahren in ein berufsbezogenes Oberstufenzentrum für nur 400 Schüler umgewidmet und steht heute in weiten Bereichen leer. JBS

99 Barnim-Gymnasium

Barnim-Gymnasium
Ahrensfelder Chaussee 41
13057 Berlin
Bauherr Bezirksamt
Hohenschönhausen, Abt.
Wohnen und Soziales /
Bildung und Sport
Architekt
Stefan Scholz
Bauzeit
1995 -1997

Am Rand der Ahrensfelder Chausee im östlichen Hohenschönhausen entstand nach Plänen des Architekten Stefan Scholz 1995-1997 ein Schulneubau. Die äußere Form des Schulkomplexes soll Charakteristika des historischen Ortes Falkenberg wie die um Höfe gruppierte Dorfbebauung, Backsteinfassaden und das ehemalige Rittergut widerspiegeln.

So entstanden auf einem runden Plateau zwei Baukörper zwischen denen sich ein Pausenhof entfaltet. Beide Baukörper sind zweigeschossig und unterscheiden sich durch ihre geometrische Form. Das straßenseitig gelegene halbrunde Gebäude beherbergt die Klassenräume, während sich die Funktionsräume im rechteckigen Gebäude befinden. Der Berliner Architekt Stefan Scholz vollführt beim Barnim-Gymnasium ein Exerzitium in cartesianischer (platonischer) Klarheit. Rot, weiß und ganz und gar kreisrund liegt sein Schulbau unterm brandenburgischen Himmel so weit. Keinen roten Backstein (aus Rathenow wie zu Fontanes Tagen) rückte er aus der runden Reihe, um eine Ersatzattika oder ein Gesims zu bilden, kein Portalteil wurde hochgestemmt, um mehr plastische Figur zu erzielen. Ecken und Kanten jagen nicht schräg davon. Heilig nüchtern regiert die Geometrie. Mit der hellroten Lochfassade aus Verblendziegeln gewann Stefan Scholz 1994 den Architekturpreis der Arbeitsgemeinschaft Klinker und Vormauerziegel. JBS/ST

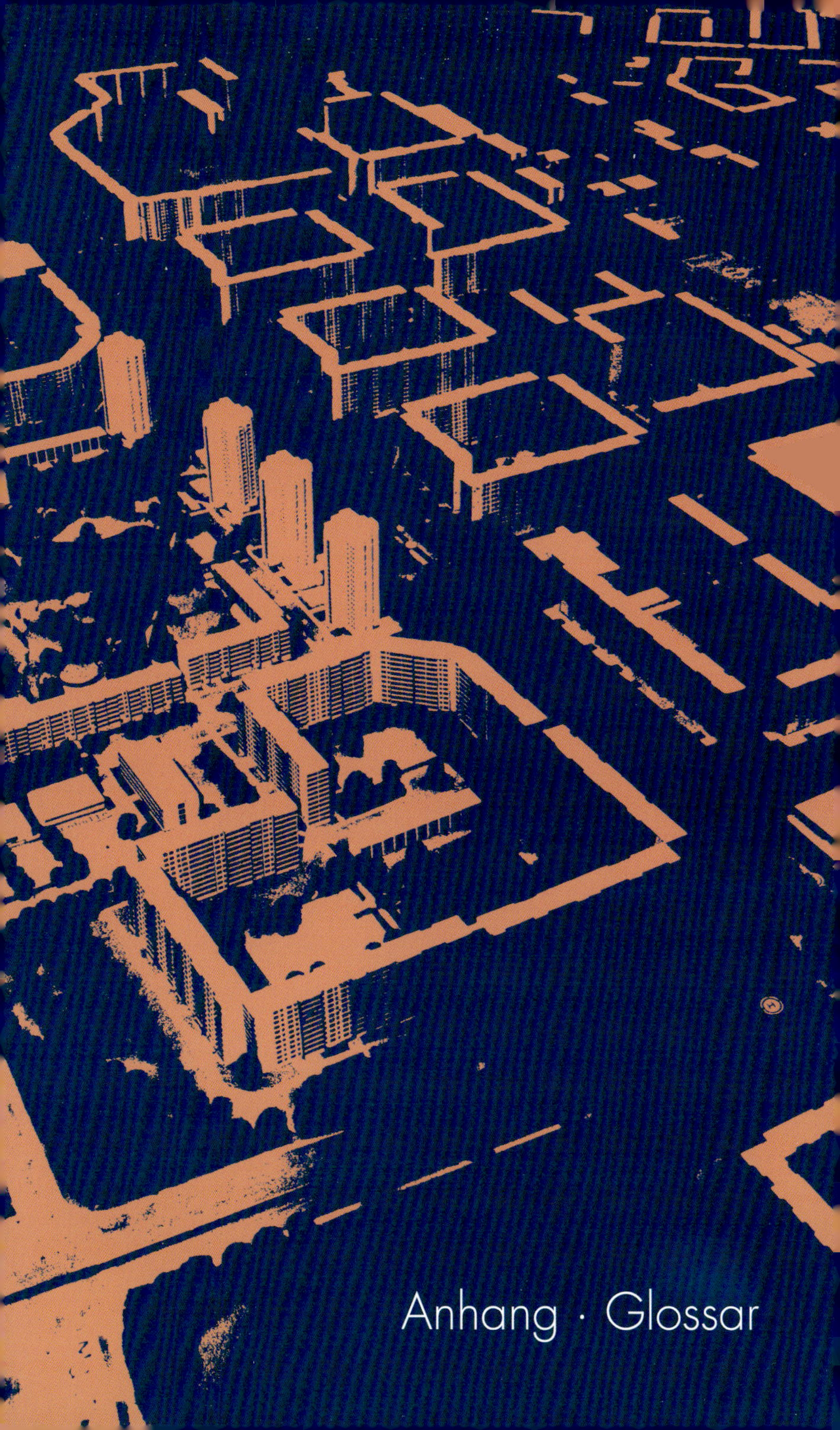

Anhang · Glossar

Personenverzeichnis

Straßenverzeichnis

Ausgewählte Literatur

1 Reformbauten

Architekten- und Ingenieur-Verein zu Berlin (Hrsg): Berlin und seine Bauten. Teil IV: Wohnungsbau (Band B: Die Wohngebäude – Mehrfamilienhäuser), Wilhelm Ernst & Sohn, Berlin 1974.

Berning, Maria / Braum, Michael / Giesecke, Jens / Lütke Daldrup, Engelbert / Schulz, Klaus-Dieter: Berliner Wohnquartiere. Ein Führer durch 70 Siedlungen, Reimer Verlag, Berlin 2003.

Büttner, Horst / Trost, Heinrich: Die Bau- und Kunstdenkmale in der DDR. Hauptstadt Berlin 2, Berlin 1987.

Dehio, Georg: Handbuch der deutschen Kunstdenkmäler. Bezirke Berlin/DDR und Potsdam, Akademie Verlag, Berlin 1983.

Mendelsohn, Erich: Amerika. Bilderbuch eines Architekten, Rudolf Mosse Buchverlag, Berlin 1926.

Oud, J. J. P.: Über die zukünftige Baukunst und ihre architektonischen Möglichkeiten, in: Taut, Bruno (Hrsg.): Frühlicht, Heft 4, Karl Peters Verlag, Magdeburg 1922., S. 198–208.

Scheffler, Karl: Die Architektur der Großstadt, Bruno Cassirer Verlag, Berlin 1913.

Wagner, Martin: Amerikanische Bauwirtschaft, Berlin 1925.

2 Industrie- und Verkehrsbauten

Architekten- und Ingenieurverein zu Berlin (Hg): Berlin und seine Bauten, Teil X, Band B, Fernverkehr, Berlin 1984.

Badel, Peter / Herschel, Holger / Karau, Karl: Von Siemens-Plania zu Dong Xuan, hrsg. von Jana Fröbel, Theater der Zeit, Berlin 2009.

Bezirksamt Lichtenberg (Hrsg.): Auf der Suche nach der Stadt Lichtenberg, Lichtenberger Beiträge, Heft 4, Berlin 1998.

Bezirksamt Lichtenberg (Hrsg.): Fabrikstadt Lichtenberg. Bergauf – Bergab im Berliner Osten, Lichtenberger Beiträge, Heft 3, Berlin 1997.

Bley, Peter: Berliner S-Bahn, Düsseldorf 1985.

Feustel, Jan: Spaziergänge in Lichtenberg, Berlinische Reminiszenzen Nr. 75, Berlin 1996.

Gasanstalt der Stadt Lichtenberg (Hrsg.): Denkschrift 25jähriges Bestehen der Gasanstalt der Stadt Lichtenberg, 1. Oktober 1916.

Halbrock, Christian: Stasi-Stadt, Berlin 2010.

Härter, Joachim: Studie über einen Industriekomplex, in: Architektur der DDR, Heft 8/1977, S. 483-485.

Kahlfeldt, Paul: Die Logik der Form. Berliner Backsteinbauten von Hans Heinrich Müller, Berlin 2004.

Lemke, Ulrich / Uwe Poppel: Berlin U-Bahn, Düsseldorf 1985.

Merz, Kai-Uwe: Der AGA-Wagen. Eine Automobil-Geschichte aus Berlin 2011.

Meyer-Kronthaler, Jürgen: Berlins U-Bahnhöfe, Die ersten hundert Jahre, Berlin 1995.

Pohl, Manfred: Sicherheit auf Schiene und Straße. Die Geschichte der Knorr-Bremse AG, München 2005.

VEB MK Kohle und Energie, Betriebsteil Industrieprojektierung Berlin (Hg.): 20 Jahre Industrieprojektierung Berlin (Brosch.), Berlin 1969.

3 Schulen

Berlin und seine Bauten, Teil V, Bd. C: Schulen. Mit Beiträgen von Jörn-Peter Schmidt-Thomsen, Helga Schmidt-Thomsen, Manfred Scholz und Peter Güttler, Berlin 1991.

Hoh-Slodczyk, Christine: Max-Taut-Schule Lichtenberg, hrsg. vom Bezirksamt Lichtenberg von Berlin (Abteilung Bau- und Wohnungswesen, Hochbauamt), Berlin 1997.

Lichtenbergs neue Schulbauten, in: Die Bauwelt, Heft 27/1919, S.22.

Nydahl, Jens (Hg.): Das Berliner Schulwesen, Berlin 1928.

Schüler, Werner / Baumgart, Wolfgang: Schulgeschichte des Berliner Bezirkes Lichtenberg 1900-1949 (=Lichtenberger Beiträge Heft 1), hrsg. vom Bezirksamt Lichtenberg, Berlin 1994.

Wagner, Martin: Die Rationalisierung des Schulbaues, in: Zeitschrift für Bauwesen 5/1928, Heft 5, S. 103-104.

Zentralstelle für Normungsfragen und Wirtschaftlichkeit im Bildungswesen (ZNWB) (Hg.): Typenschulbauten in den neuen Ländern. Modernisierungsleitfaden, Berlin 1999.

4 Kulturbauten

Graffunder, Heinz: Tierpark in Berlin Friedrichsfelde, in: Deutsche Architektur, Heft 8/1964, S. 481–491.

Heese, Christa: Von der Schule zum Haus der Kinder, in: Berlinische Monatsschrift (Edition Luisenstadt), Heft 10/2000, S. 76–82.

Laschke, Bärbel / Fauck, Walter / Weyda Jürgen: (hrsg. V. Kulturring in Berlin e. V): die denkmale. Heimatkundlicher Wegweiser durch Berlin-Karlshorst, Teil I: Östlich der Treskowallee, Berlin 2010.

5 Sportbauten

Bezirksamt Lichtenberg (Hg.): Aufbauarbeit im Bezirk Lichtenberg, Berlin 1929.

Die Rennbahnanlagen in Carlshorst bei Berlin, in: Deutsche Bauzeitung, 31. Oktober 1896, S. 549–553, und 7. November 1896, S. 561–562.

Ende, Gerd von: Berliner Pferdesport, Sutton Verlag, Erfurt 2007.

100 Jahre Rennbahn Karlshorst 1894–1994, Berlin 1994.

Gleye, Rudolf, Städt. Deputation für Spiel-, Sport- und Turnwesen (Hg.): Das Lichtenberger Stadion. Denkschrift zur Einweihung im Juli 1920, Berlin 1920.

Stave, John: Stube und Küche. Erlebtes und Erlesenes, Kapitel »Baden in Klingenberg«, Ost-Berlin 1987.

Wolter, Christian: Rasen der Leidenschaften. Die Fußballplätze von Berlin, Berlin 2011.

6 Krankenhäuser

Kieling, Uwe: Berlin Bauten und Baumeister, Von der Gotik bis zum Historismus, Berlin 1987.

Laschke, Michael: Das Oskar-Ziethen-Krankenhaus Berlin-Lichtenberg,Leipzig 2003

Lazarus, Dr. Paul: Das St. Antonius Krankenhaus Berlin-Karlshorst, Berlin 1931.

7 Militärbauten

Berlin-Karlshorst, in: Beiträge zur Denkmalpflege in Berlin, Heft 12/1997.

Czymay, Christina: Flugplatz und Pionierschule – deutsche Militärgeschichte in: Schneider, Wolfgang: standorte., Von der Luftschiffhalle zur Gartenstadt, (hrsg. v. Kulturring in Berlin e. V.), Berlin 2015

Kliemt, Stefanie / Köhler, Saskia / Zwart, Reiner: Berlin-Karlshorst, Hochbunker des zivilen Luftschutzes, Masterarbeit, TU Berlin 2015.

Laschke, Bärbel / Fauck, Walter / Weyda, Jürgen: die denkmale., Heimatkundlicher Wegweiser durch Berlin-Karlshorst, Teil I, (herausg. v. Kulturring in Berlin e. V.), Berlin 2010.

Schneider, Wolfgang:, standorte, Von der Luftschiffhalle zur Gartenstadt, (hrsg. v. Kulturring in Berlin e. V.), Berlin o. J.

8 Kirchen

Architekten- und Ingenieurverein zu Berlin (Hg): Berlin und seine Bauten, Teil VI Sakralbauten, Berlin 1987.

Goetz, Christine; Matthias Hoffmann-Tauschwitz: Kirchen Berlin Potsdam, Führer zu den Kirchen in Berlin und Potsdam, Berlin 2003

Schwillus, Harald; Matthias Brühe: Erzbistum Berlin, Eine junge Diözese in langer Tradition, Berlin 2009.

9 Industrieller Wohnungsbau

Bund der Architekten der DDR (Hg.): Komplexer Wohnungsbau Berlin, Hauptstadt der DDR.

Düwel, Jörn / Gutschow, Niels: Städtebau vom Ersten Weltkrieg bis zu den »Grenzen des Wachstums« in den frühen siebziger Jahren, 1918–1975, in: Architekten- und Ingenieur-Verein zu Berlin e. V. (Hg.): Berlin und seine Bauten. Teil I: Städtebau, DOM publishers, Berlin 2009, S. 111–345.

Klauschke, Hermann, u. a.: Hans-Loch-Viertel, in: Deutsche Architektur, Heft 10/1968, S. 598–615.

Klauschke, Hermann, u. a.: Kompaktes Wohnkomplexzentrum, in: Deutsche Architektur, Heft 12/1963, S. 755–761.

Lindemann, Christina / Richter, Frank: Die Entwicklung des Städtebaus in Berlin-Hohenschönhausen, in: Architektur der DDR, Heft 10/1988, S. 9–12.

Mehlan, Heinz: Wohnkomplex Frankfurter Allee-Süd, in: Deutsche Architektur, Heft 9/1971, S. 526–531.

Anonymus: Bilderchronik von Neubauten der DDR, in: Deutsche Architektur, Heft 7/1957, S. 398/399, speziell S. 398.

Meyerhöfer, Rolf: Hohenschönhausen. Gestern und Heute. Die Geschichte von Neu-Hohenschönhausen, (hrsg. v. Förderverein Schloss Hohenschönhausen e. V.), Berlin 2005.

Schweizer, Peter / Piesel, Jörg: Ein neues Wohngebiet entsteht in der Hauptstadt – Berlin-Hohenschönhausen, in: Architektur der DDR, Heft 2/1986, S. 73–79.

Schulz, Joachim, u. a.: Berlin. Architektur von Pankow bis Köpenick, Verlag für Bauwesen, Berlin 1987.

10 Innovatives Bauen

Eisentraut, Wolf-Rüdiger: Gaststätte »Seeterrassen« in Berlin, in: Architektur der DDR, Heft 10/1987, S. 22–27.

Eisentraut, Wolf-Rüdiger: Körperbehindertenschule in Berlin, in: Architektur der DDR, Heft 11/1977, S. 664–666.

Engler, Harald: Wilfried Stallknecht und das industrialisierte Bauen. Ein Architektenleben in der DDR, Berlin 2014, S. 28-35.

Mehlan, Heinz: 11geschossiger Wohnungsbau WBS 70, Projekt Berlin, in: Architektur der DDR 9/1976, S. 564-567.

Radke, Wolfgang: Wohnungsbau in der Hauptstadt der DDR, Berlin, in: Architektur der DDR 5/1976, S. 272-277.

Wiel, Leopold: Wohnbauten aus vorgefertigten Teilen für Berlin-Karlshorst, in: Deutsche Architektur, Heft 1/1957, S. 6/7.

11 Bauten nach 1990

Bezirksamt Lichtenberg, Lichtenberger Linie LiLi, Katalog zur Ausstellung, Berlin 1994

Kapitzki, Christel (Hrsg.): Berlin. Visionen werden Realität, Berlin 1996

Söffke, Regina/ Jutta Wolf, Lust auf Lichtenberg, LichtenbergPartner e.V., 2010

Bildnachweis

Architektur der DDR, Heft 11/1979, 169u
Archiv Bundesbeauftragten für die Stasi-Unterlagen, 28o, 37u, 130
Archiv BVG,69o, 69u, 70
Archiv Huss Verlag, 104m.
Archiv Leibniz Institut für Raumbezogene Sozialforschung, 92o, 166 (3x), 169 (2x)
Archiv Mies van der Rohe Haus, 35 (2x)
Archiv Museum Lichtenberg, 11 f., 20o, 21u, 22 (2x) 24u, 25u, 29u, 36u, 39u, 45-49, 51m, 51u, 52u, 54 (2x), 55, 56o, 58 (2x), 59u, 60, 63 (2x), 68m, 68u, 83m, 86 (3x), 89-94, 102, 108o, 111, 113 f., 115u, 127u, 134 f., 139u, 147, 150-157, 162 f, 165u, 170u, 175 f., 179m, u
Augustin und Frank Architekten, 177u
Baesler Schmidt und Partner, 184 (4x)
Bundesarchiv, 76
Deschan, Andre, 18r.
Deutsche Architektur 2/57, 86; 8/64, 92; 7/67, 77, 84u; 9/71, 154 f.
Flierl, Bruno, 149
Herschel, Holger, 104
Hopp, Titus, 103, 106l
HTW Berlin/Philipp Meuser, 85o
Kulturring Berlin e.V., 34u.
Labor für Baugeschichte und Bauerhaltung – Beuth Hochschule, 16 (2x),18l, 31u
Landesarchiv Berlin, 28u, 61u, 64u, 99 f., 106u
Lo Curto, Giovanni, 20o, 21o, 23 f., 25o, 26 f., 29o, 30 (3x), 31 o, 32 f., 34o, 34 m, 36o, 37o, 38, 39o, 40o 41m, 43, 51o, 52o, 59o, 61 o, 62o, 64o, 65, 67o, 68o, 72, 78m, 79 f., 81o, 82 (2x), 83o, 84o, 85u (3x), 112, 115o, 115 m, 116-118, 130o, 136 f, 138o, 140-144, 158, 164, 165o, 165m, 168, 170o, 177o, 178o, 179o, 181 f.
Moderne Bauformen. Monatshefte für Architektur und Raumkunst, Heft 6/1915 78o, u
Olm, Wulff, 180
Sammlung Andreas Butter, 167
Sammlung Markus Kurth, 164
Schneider, Wolfgang, 122-125, 127o, 128 f.
Schulz, Sabine, 41
Schwarz, Ulrich, 184
Stuck, Armgard, 133 (2x)
Thieme, Peter, 53u, 173 f.
Transenna-Development & Consulting Wien, 178u
Untere Denkmalbehörde Lichtenberg, 40u, 50 (2x) 53o, 57 (2x), 66 (2x), 68m, 70, 101 (2x), 148
Verlagshaus Delitsch GmbH, 105ur
Wikimedia Commons, 56u
Wolter, Christian, 97 f., 104u, 107 (2x), 108
Wasmuths Monatshefte für Baukunst und Städtebau, Heft 6/1932, 75, 81u